読む前に
まずチェック!

こんな服装していませんか?

チェックリスト

□ 手持ちのスーツは量販店のものが多い

□ とりあえず困ったらユニクロに頼る

□ 服を選ぶ基準は「なんとなく」

□ 白のワイシャツしか持っていない

□ ワイシャツのポケットにペンを挿したことが一度でもある

□ ビジネスシューズは黒のみ持っている

□ ネクタイは暗めの青をヘビロテしている

□ 今日身に着けているベルトと靴の色が違う

□ 自分の服装に自信がない

□ でも、見た目は大事だと(ちょっと)思う

5個以上該当した人は、
いますぐPart3をチェックしてください!
あなたの公務員ライフが劇的に変わります!

はじめに

私はイメージコンサルタントという仕事をしています。

イメージコンサルタントと聞くと、「ファッションが好きな人がさらにおしゃれになるために受けていそう」「それなりの地位や役職があってこそ依頼する価値がある」といった印象をもたれるかもしれません。しかし、実際にコンサルティングを受けられるのはごく普通の方ばかりです。むしろ、ごく普通の方にこそ効果があるものだと考えています。

たとえば、こんな悩みをお持ちの方

・そもそも何を着たらいいのかわからない
・体型や見た目にコンプレックスがある
・ファッション誌を読んでも何が似合うかわからない

本書は、タイトルのとおり、公務員の男性に向けて、どんなふうにしたら好印象を与えられるかを解説する本です。

私の前職は東京都庁の職員です。

東京都議会に勤務していたとき、議員の方々から、「何を着ていけばいいのか困っている」と悩みを明かされていて、「服でこんなに悩んでいる人が多いのか」と驚きをもって感じていたものでした。

バランスのよい着こなしで一目置かれていた上司を見ては服装や見せ方の重要さを実感する一方で、同性の先輩の言葉（P25）にも妙に納得し、公務員の服装に疑問を感じつづけてきました。

これらの原体験も重なり、公務員の方々のファッションにまつわる悩みを一緒に解決して、よりよい公務員人生を送るお手伝いができたらと、東京都職員を辞めて、男性のスーツスタイルを学び、今の仕事を起業しました。現在は、政治やパブリックのセクターに大きな強みを持つイメージコンサルタントとして独自（独特？）の立ち位置にいながら、現職政治家や政治家志望者、公務員や社会起業家といった方々に対し、服装やイメージ戦略のご提案を行っています。

「公務員って、地味で、服装に気を使っていなさそう」

正直なところ、公務員は、世間一般にこのように思われているようです。私の公務員時代を振り返ってみると、ヨレヨレの白いシャツに、裾がダボダボのパンツ、明らかにサイズが合っていないであろうスーツ姿の人ばかりが目に浮かびます。多くが男性であり、彼らを見たとき、私は、

・清潔感が感じられない…

・だらしない感じがする…

・なんだか仕事が任せられなさそう…

といった印象を受けました。実際の仕事や内面はおそらくそうでもないはずなのに、残酷なことに初対面の人が受け取る情報はその人の外見しかありません。

本書は、「服」について書いた本ですが、おしゃれを目指す内容ではありません。むしろ、本書では、おしゃれを目指すことをおすすめしません。

取り入れるのは、流行のファッションではなく、シンプルでオーソドックスなファッション、つまりは「普通の服をきちんと着ること」です。男性のファッションは、普通にこそ清潔感が宿ります。清潔感を感じられると、相手は好印象をもちます。そして、「任せてみようかな」といった信頼は、好印象があってこそ生まれます。

もちろん、見た目ではなく大切なのは中身ですが、中身に興味をもってもらう前に、外側の情報だけでシャットアウトされてしまう可能性がおおいにあります。それに、「清潔感がない」「だらしない」「信頼できなさそう」という第一印象は、誰だって避けたいことでしょう。ここに、公務員こそ、ファッションに気を配る必要があると考えます。

公務員は、市民、議員、民間企業と、さまざまなステークホルダーと仕事をしています。公務員という属性も相まって、皆さんが想像する以上に、とにかく見られています。最近は、自治体の外に活躍の場を広げる人も増えました。

先進的な施策や発信を的確に伝えようとしているのに、外見の印象でマイナスになるのはもったいないなさすぎます。

また、男性のビジネスファッションはアイテム数が少なく、バリエーションが女性ほど多くありません。シャツとパンツの組み合わせがメインゆえに、服装に気を配っている人とそうでない人が明確にわかります。しかし言い換えれば、アイテム数が少ない男性ファッションは、コツさえつかんでしまえば簡単だというメリットがあります。

この本では、次のようなことがわかります。

・**服選びのコツがわかる**→コツを知ってしまえば、服選びがラクになります。時間の効率化にもつながります。
・**ビジネスファッションの基本がわかる**→グローバルスタンダードをもとに解説するため、いかなるシーンにおいても恥ずかしくないファッションがわかります。
・**公務員のためのファッションがわかる**→元公務員の経験を活かし、役所文化を踏まえて（とはいえ空気を読みすぎずに）提案します。
・**悩みやコンプレックスを解決に導ける**→体型はもちろん、「威厳がない」「クレームをもらいやすい」といった悩みが尽きない幅広い公務員の業務にはファッションの力が絶対必要です。毎日が少しラクになります。

私のお客様を見ていて実感することは、ファッションが変わると、自分に自信がもてるようになるということです。すると、不思議なことに、仕事もプライベートもうまくまわるようになるのです。その意味でも、ファッションは公務員ライフをも楽しいものにしてくれることでしょう。まずは読者の皆さんにもそれを実感してもらいたいと思います。

きっと、明日の登庁時の足取りが少しだけ、軽くなっているはずです。

目次

Part 4

業務部門別　鉄板スタイル図鑑

Part 5

公務員の服装が変わると地域が変わる

Part 1

思った以上に「公務員は見た目が命」

世間は公務員をこんなふうに見ている

❶ひたすらに真面目、ゆえに地味で無難

私は、イメージコンサルタントのなかでもちょっと珍しく、政治家や公務員、社会起業家の方に特化して「好印象を与える見た目づくり」のサポートをする、いわば〝見た目の参謀〟です。

かっこよく言うとスタイリストのような仕事ですが、私の場合は、その人に似合い、かつ立場にふさわしい服装を提案することによって、仕事やプライベートのパフォーマンスを高めることが仕事のゴールです。

では私のイメージコンサルティングは、どんな人が、どのような理由で受けるのでしょうか。「見た目を気にするナルシストの職員や職場でおしゃれすぎて浮いている職員が受けているのでは……？」「センスのない自分には縁がない」などと思っている人、決してそんなことはありません。これまで私を頼ってきてくださった公務員のお客様は、いたって普通の職員さんです。

私は２０２０年1月に起業して以来、対面でのイメージコンサルティング、月1回のペースでオンライン上で開催している公務員ファッションアカデミーなどのセミナー、そしてツイッターなどのＳＮＳのやりとりのなかで多くの公務員の方と出会ってきましたが、皆さん、総じて「真面目」。それどころか「真面目すぎる」方が多いのが私のお客様の特徴です。

現に私も、東京都職員時代はなんて不真面目な職員なのだろうと思っていたのですが、東京都職員の身分を捨てていざ起業してみると、アバウトにふわふわ生きていても成果を上げている人もそれなりにいるということがわかり、心底驚きました。やはり役所の組織風土は、民間のそれと比較しても「真面目」な人を醸成するのでしょうか。独立してとても感じ入るところは、一度でも公務の現場を踏んで一定の期間を勤めた人間は、世間から「きちんと生きてきた人」と評価されるようです。

私のお客様である公務員の皆さんは、仕事でがんばりたい、地域の幸福度をより高めたい、という志をもって職務に励まれています。

一方で、服装は気にしなければいけないけれど、服装が原因で市民から注意を受けたり、組織の和を乱したりすることは極力避けたい、という思いも抱いていらっしゃいます。こういう事情もあり、地味で無難、悪く言えば「少々ダサい」という服装をせざるを得ない環境にいるのです。そして世間一般の公務員のイメージも「服装に気を使わない、どちらかというと地味な人が多い」につながるのだと考えます。

❷「マイナスをゼロにする」役所の仕事と自己肯定感

——公務員の仕事はやって当たり前。だから「よくやった」「でかした」などと評価されることはない。

皆さんも公務員として職務にあたるうえで、このようなことを誰かに言われたことはありませんか。私も起業前は公務員だったため、前述のような公務員の仕事観を心のなかに掲げながら働いていたことを覚えています。

時に並外れたリーダーシップや調整能力、フットワークの軽さを持つ職員が「スーパー公務員」として評価をされている様子を垣間見ますが、私が思うに、スーパー公務員が活躍するためには、黒子となり日々粛々と業務を行う職員の存在が必要です。ほとんどの公務員が後者であると思いますし、私も前職では後者でした。

人は潜在的に褒められたい、評価されたい生き物です。しかし公務員は、何十年も先の安定と引き換えに「誰かから評価されたり、褒められたりする頻度が少ない業務」を与えられているのです。そして、どんなに小さな業務でも、担当者の小さな創意工夫、幹部による念入りな調整によって成り立っています。

一方でその努力は、世間一般からは見えません。初めのうちは、「こういうものなんだな」と一定の納得感をもって過ごしていけるかもしれませんが、組織のなかで言いたいことが言えず飲み込んだり、上司や市民とのやりとりで納得のいかない扱いを受けたりすると、徐々に仕事に対する高いモチベーションは減り、入庁当時に描いていた仕事を通じて輝いている自分の姿が霞んでいきます。

公務員の仕事は、私たちの生活に密接しているがゆえ、世間から「きちんとできていて当たり前」と思われています。担当者が努力しても創意工夫を重ねても、それは自分のなかで完結することであり、「ねえねえ、これきちんとやりましたよ、評価してください」などと口が裂けても言えないのです。何か大きな企画を打ち立てたわけでもない、かといって勢いで役所を去る自信もない、こんなモヤッとした気持ちを抱えて、年数が経過していくことにより、自己肯定感が下がっていく――こんな状態ではないでしょうか。

実際、公務員の世界は「なんでもそこそこにできる器用な人」が重用される傾向にあるため、1つの職務の楽しさをようやく見いだしたころに人事異動になるなど、仕事を通じて継続的に得られる達成感を維持するのは難しい環境かもしれません。ゆえに「自己肯定感」を高く仕事をすることは至難の技です。

私はこれまで、服装こそ最も簡単な自己表現の方法であり、「自分にフィットした服装は自己肯定感を高める」ということを、起業前や起業後を通じてあらゆるシーンで体感してきました。組織内での立ち回りに際して神経をすり減らす、理不尽なお客様への対応に疲弊する、社会情勢に振り回されやすいといった公務員こそ、服装を通じて自己肯定感を高めていく必要があるのです。待遇や将来性の面で何かと叩かれやすい立場にいるからこそ、心の安定剤として服装を用いるべきです。

❸黒と紺と灰色だけの世界

　とある人に「公務員の方に服装を提案するお仕事をしています」と話したところ、「役所に行くと、たしかに、黒と紺と灰色の世界って感じだもんね」と言われたことがあります。

　黒については別の章で触れますが、公務員を含むビジネスシーンにおいて土台になる色合いは「ネイビー（紺）とグレー（灰色）」です。

　ファッションの世界では、黒や紺、灰色は軸になる色で、「ベーシックカラー」と呼ばれています。それゆえ、これらの色を積極的にコーディネートに取り入れることは間違いではありません。むしろ、ビジネスマナーを理解した大人の男性であれば大正解ともいえます。それに、ファッション業界を見てみると、黒や紺、灰色のみのコーディネートでも、カッコよく洗練された着こなしができる方がたくさんいます。「黒や紺、灰色」と日本語読みではなく、「ブラックやネイビー、グレー」と自然と英語で色名を表現したくなってしまうような着こなしです。

同じ色を使っていたとしても、この差はどうして生じるのでしょうか？

一般論として、誰が見ても「かっこいい」「あこがれる」という服装をしている人は、「今日は何色を着ようか」と考えるときに必ず、「当てに行く」方法で色を選んでいます。たとえば、当てに行く方法で選ばれた紺色のことを「攻めのネイビー」と言い換えてみましょう。

攻める方式で選ばれた色はネクタイやシャツに多少の色味が入っていても、全体をまとまりあるコーディネートに見せてくれます。

しかし、攻めることなく選ばれた色には、着る人の自信のなさが乗っかってくるため、せっかくのネクタイやシャツも、「もっとイイ色があるのに」と思わせるような色を選びがちな傾向にあります。公務員は、「当てに行く」という方法ではなく、「消去法」や「なんとなく」で今日着るものを選んでいる方がとても多く、無難な色を選ぶ→これでいいのか？と不安→自信がつかない……、このような負の連鎖に陥りがちです。

イメージコンサルティングの世界では、好印象を与える服装のうち「色が占める割合は50％」とされています。基本的に日本人はカラーコーディネートが苦手で、色を取り入れるとやたら派手になってしまいがちですが、コツをつかめば派手さは脱却できます。

「議員みたい」「派手なネクタイしやがって！」などと怒られることもありません。コツのつかみ方は後ほどお話しします。

❹〝お給料は「税金」だから地味であれ〟

おそらくここが一番の鬼門です。

このフレーズをそのまま言う人もいるくらい深く根付くこの意識は、公務員の服装スキルを底上げするにあたって乗り越えるべき大きな壁です。

私はイメージコンサルタントとして起業して以来、さまざまなバックグラウンドを持つ公務員の方と出会ってきました。マンモス自治体である東京都から地方の小さな自治体まで、見た目や服装に関心がある方が全国にいるのは本当にうれしい限りです。しかし、その方たちが口を揃えて言うのは、「税金をお給料としていただいている公務員であるがゆえに、服装に対して投資がしづらい」ということです。

たしかに公務員は、昔から「親方日の丸」「税金泥棒」などと批判の対象にされがちです。

今でこそ少し落ち着いた感はありますが、いまだに役所の窓口では職員に対して不必要に厳しく接する方が一定数います。公務員を辞めて以来、私自身も年金や保険の関係で地元の役所の窓口に行く機会が増えましたが、時折耳を疑う内容を普通に言い放つ人がいます（窓口対応をしている職員の方には本当に頭が下がります）。

このような背景から、実際に市民やお客様と接する窓口にいる職員にとっては、「服装＝投資」という意識を定着させることが難しいのです。

一方で、公務員の仕事は社会情勢に振り回されやすく、年次が若ければ若いほど仕事に自分の裁量を入れる機会はなかなかありません。イラッとすること、ツライことの我慢大会のようになっている節があります。私の公務員時代は「数十年後の安定のために自由を我慢して働いているんだ」と話す上司や先輩が何人もいました。

とはいえ、「お給料が税金だから」という短絡的な人が真っ先に口走りそうな理由から自分の見た目への投資を控えることは、同時に自分の将来の可能性を閉ざしているように思います。

人は少しでも「見た目をよく見せたい」「着飾りたい」という願望は心の内に抱えて生きています。その願望を捨ててしまうのは、公務員といえども極めてもったいないことです。

なにより、自分の服装の「今日のココが好き」というポイントを1つでも入れることで、その日の仕事のアウトプットの質も格段に変わってきます。現に私はイメージコンサルタントの仕事を通じて、変化を遂げた公務員をたくさん見てきました。

❺「くたびれ系職員」になっていませんか？

東京都に入庁したばかりの出先機関勤務時代、先輩の言葉がとても印象深かったものです。

「新宿駅の西口を出て都庁に着くまでに〝かっこいいな〟と思う人はみんな途中で曲がっていくから、都庁に着いたころに周りを見渡すと疲れた感じの人しか残っていないんだよ」

当時の私は本庁への異常なあこがれがあり、西新宿を代表するあのファッショナブルな建造物で働いている人がダサいわけがないと思っていました。

のちに私はめでたく本庁に異動となり、新宿駅西口から動く歩道を通り、都庁の建物に差し掛かるとき、たしかによさげな人は全員、都庁より手前のビルに消えていくという光景を実際に目の当たりにしました。そして都庁に着いたころには周りを見渡すと、なんだか冴えない人しか周りにいない……。

先輩の言葉はあながち間違ってはいなかったことが証明されました。特に夏場のクールビズ期間はその現象がとても顕著で、都庁舎に入っていく人たちはほとんどが半袖の白いワイシャツを着ている男性ばかり。

貫禄ゼロだし、なんだか中学生みたい……。

瀟洒なストライプの長袖シャツや半袖のポロシャツを颯爽と着こなしている人は多くが他のビルに吸い込まれていき、「この差は一体なんなんだろう」と20代半ばの私は衝撃を受けたことを覚えています。当時はこの様子にもどかしさを感じていたのですが、都庁を退職後に他企業の方から「公務員はくたびれた感じ」という言葉を聞いたときに、「あ、これだ！」と思いました。

さて、この「くたびれる」という言葉を広辞苑で引いてみると、

①体力や気力を消耗して元気を失う
②長く使ったために質や機能が衰える

の2つの意味があります。

この2つの意味合いのうち、どちらかが該当していると「くたびれ系」に認定されてしまうというわけです。

公務員の場合は残念ながら、ほとんどの人が2つともに該当しています（このようにバシッと言い切ってしまうと、怒りで本書を投げ捨てられてしまいそうですが、事実です）。試しに、自分の職場の管理職や上司を想像してみてください。くたびれ系職員もしくはその予備軍が、庁内にたくさんいるのではないでしょうか。

悲しいことに、今の役所ではこのくたびれ系職員がマジョリティです。みんなと同じ

をこよなく愛する金太郎飴系職員も一定数います。しかし、外見とりわけ服装については、少しでもくたびれ系を脱することが、自分だけでなく組織にとってもプラスの効果を与えることを知ってほしいのです。

民間企業、特に営業職で働かれている方は、この「くたびれ系」になった瞬間に自分の仕事の成果が出なくなるので、仕事で疲れていようが何だろうが、必ず一定の服装のレベルは超えてきます。

「自分は民間企業勤務ではないし、営業は一生する予定のない仕事だから、そんなこと言われても」と思ったそこの公務員の方。

今やセルフブランディングは当然の時代。ビジネスパーソンにとって身だしなみはもはや必須のビジネススキルです。

これからの時代、役所も民間企業と対等に渡り合えるようなビジネススキルや売り込む力が必要になってきます。

役所が利用してもらいたい取り組み、他の自治体に先駆けた政策は、担当課がどのように内外にアピールしていくかにより、その地域の行く末も変わってきます。首長へのレク（レクチャー）、プレスへの売り込み、そしてイベントでのブース出店など、取り組みや政策の波及には人と人とのつながりが不可欠です。

ここでの「担当者の印象のよしあし」が与える影響は小さいものではありません。

こう考えてみると、公務員もその役所のセールスパーソンです。地域のよさを、誰にでも伝わる言葉を用い、魅力的な手法で伝達する術がないと生き残れない時代に差し掛かっているのです。

公務員にとって結局見た目は何割？

まだまだ見た目の重要性にピンと来ない人が多いかもしれません。だって自分たちは営業職でもない、市民の目があるから服装は労力を注ぐところではない、そのようにお思いでしょうか？

ではここで論点を示します。公務員にとって、結局見た目は何割なのでしょうか？

結論から述べると、政治家や営業職と同じく、見た目は9割です。もしくはそれ以上です。
「イヤイヤイヤ……、嘘だ！」と声を上げたあなた。公務員という職業を楽しみたい、そして公務員であることの効用を得たい、と考えている人ほど、見た目に気を使うことは将来の可能性を広げます。見た目への投資を諦めるというのは本当にもったいないことです。

ではこれから、公務員の見た目が大事な理由をお伝えします。役所のなかで生きていくにあたって「雰囲気」は極めて重要です。民間企業の営業職が見た目に気を使う理由は、提案する商品やアイデアと自分は常にセットであり、自分の見た目によって相手の反応も変わってくると認識しているからです。それは営業成績として数字となって具体化されます。

一方で公務員はというと、多くの人が1日のなかで会うメンバーの顔ぶれは、自分のデスクと同じ島の人や同じ課の人、そして他の課の気の合う同期や先輩などです。新しい出会いが毎日あるわけではありません。裏を返すと、毎日同じメンバーと会うがために服装への意識が緩みがちであるということを意味します。

公務員にとって人事異動は、今後の役所ライフでの幸福度に直結する一大イベントです。「4月の異動は好印象を与えたい」、これは誰もが考えることです。その流れから4月の異動直後はスーツも新調し、ビシッとした服装からスタートするものの、新年度の慌ただしさや仕事を進めていく顔ぶれに変化があまりないという理由から、少しずつ服装への意識がゆるんで低下していきます。

そして、ジャケットやネクタイという防衛アイテムがなくなり、コーディネートを考える難易度が急上昇するクールビズに突入するのです。

また、大部分の公務員は「自分が興味関心のある業務を行いたい」「ゆくゆくは管理職になりたい」と、仕事に対して何らかの思いを抱えて業務に励んでいます。が、その思いがすんなり叶うかというと、はっきり言って難しいです。

なぜならば、公務員は民間企業の営業職のようにいわゆる「ノルマ」などによって評価される世界ではありません。それゆえ、「どうしてあの人があそこの部署に行くのか」

といった声が毎年聞かれます。

勤務評定という基準もありますが、「人の印象」が人事異動の結果に直結する場合も少なくはないため、役所で幸せに過ごしたいのであれば、服装を気にかけるのは当たり前のことです。見た目の印象で魅力的な人が少ないぶん、今のうちに気をつけておけば同期の何歩も先を行くことができるはずです。

お役所仕事は服装にも表れる

公務員の仕事ぶりを揶揄する言葉に「お役所仕事」があります。広辞苑によると、「形式主義に流れ、不親切で非効率的な役所の仕事ぶりを非難していう語」のことです（行政機関は決して積極的に形式主義を採択しているわけではありませんが……、本書では言及を避けます）。がんばって仕事をしている公務員ほど、「お役所仕事」という言葉は歯がゆく感じられることと思います。

さて、本題です。読者の皆さんは、お役所仕事からの脱却を目指して日々努力されていることでしょう。では、周りにいる人で、悪い意味での公務員文化にどっぷり浸かってしまった人を想像してみてください。

具体的には「(考える素振りもなく)前年度と同じで」「うちは所管じゃないので」といったワードを常套句にしている人です。どの職場にも1人はいることでしょう。

では次。その人の服装はどうでしょう?

カッコいいですか? ファッションとして参考にしたいと思えるものですか?

カッコよくないし参考にする価値もない——、おおかたそんなところでしょう。自ら進んでお役所仕事を貫いている人は、服装も、ただ単に上と下を合わせただけの形式主義。とりあえず着ていればいいだろうと言わんがごとく、「見た目」に対しての配慮がないのが特徴です。

このようなダサい職員からお役所っぽい言葉を言われることほど、公務員全体のイメージダウンを推し進めているものはありません。

仕事ぶりのよしあしは服装に顕著に表れます。

初対面の人であればなおさら服装によるバイアスがかかるので、公務員の仕事がお役所仕事だと揶揄されることに危機感を感じている人、それに抗えない自分に対して苛立ちを募らせている人は、まず服装に気を配ってみることが先決です。気を配ることで自然とコツも身に付きますし、身なりの整えは心や仕事ぶりにも波及していきます。

心理学的知見からひも解く見た目の大切さ

心理学的知見からでも、見た目の重要性を扱った理論は数多く存在します。今回はそのなかから3つを紹介します。

❶イメージのABC

「写真はイメージです」「イメージが浮かぶ」などのように、普段の生活でよく用いられる「イメージ」という言葉。この「イメージ」ですが、仕事やプライベートで多用され

ている割に正しい意味合いを理解していない人が多いため、一度、復習してみましょう。広辞苑によると、イメージとは、

「想像・思考などによって、心の中に描き出される像。心的表象。心像。心象。また、ある物事について具体的に考えられる、全体的な感じや印象」

です。本書後半でお話しする内容に関係するため、この意味を押さえておいてください。

私たちは、日々の暮らしのなかで、自分のイメージ（セルフイメージといいます）をなるべくよくしたいと思いながら過ごしています。しかし、自分だけの力で自分のイメージをよくすることは、はっきり言って難しいです。イメージづくりのプロである私でも、自分自身のイメージづくりは苦手です。

では、イメージとは一体何から形成されるものなのでしょうか。ここで役に立つのが「イメージのＡＢＣ」という考え方です。イメージのＡＢＣは、ＡはAppearance（アピア

ランス：姿）、Ｂは Behavior（ビヘイバー：行動やふるまい）、Ｃは Conversation（カンバセーション：対話）を意味し、この３つの要素で人のイメージは形成されています。自分のイメージを形成するものは「外面」であり、それ以外に相手の印象を判断する要素はありません。そして歳を重ねていくにつれて、その人の価値観、世界観が外見にも反映されていくのです。この３つの要素のなかで何が一番重要なのかは、後ほどお話しします。

❷ 初頭効果

初頭《しょとう》効果とは、最初のイメージがどのくらい相手の記憶に継続するのかを表した効果です。

私たちは誰かに出会うとき、その人の見た目から「どんな人か」「どのような価値観を持っているか」などを無意識に分析して、相手の情報を理解しようとします。こんなシチュエーションを想像してみてください。

――人事異動で、自分たちの予想と異なる管理職が上司とわかったとき。

❶イメージの ABC

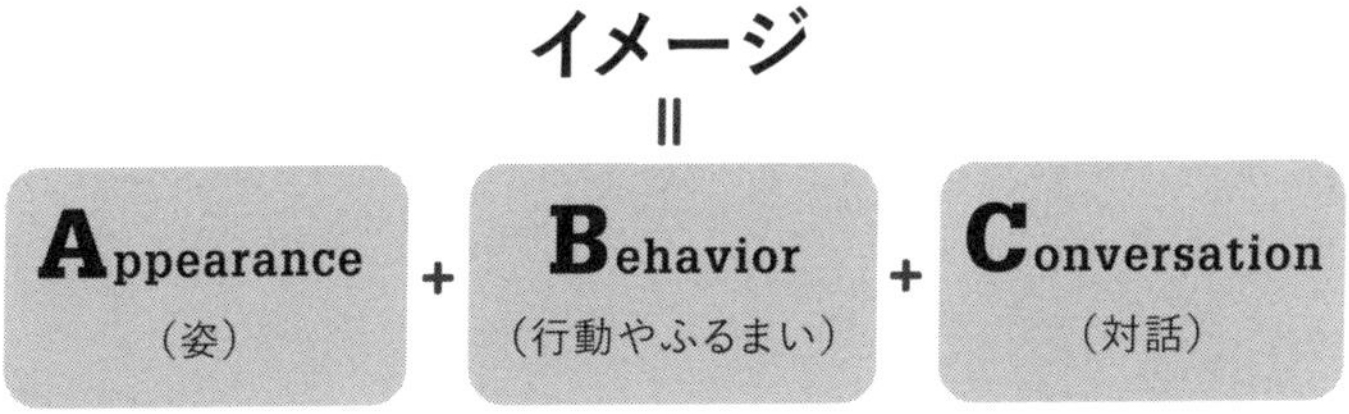

❷初頭効果

初めて会う相手こそ、初等効果

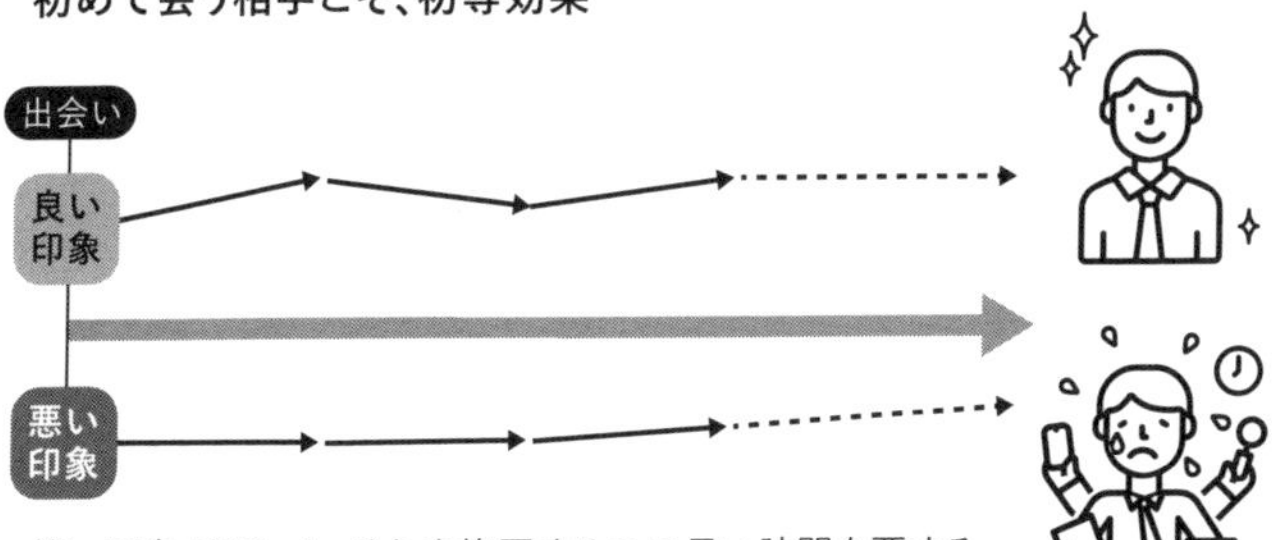

第一印象が悪いと、それを挽回するのに長い時間を要する

❸メラビアンの法則

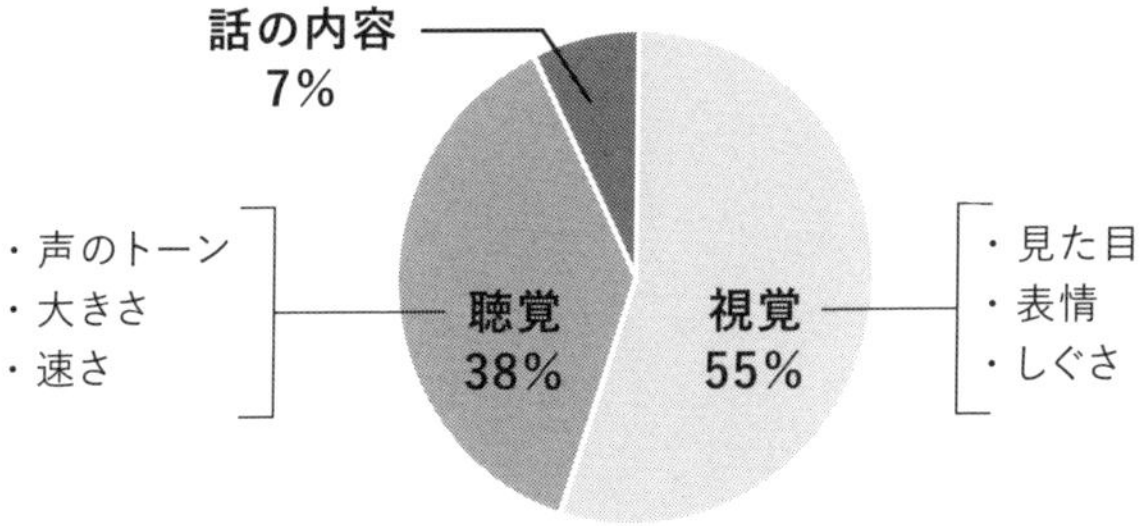

異動の挨拶や新年度の始まり、職員はその上司のことを、目を皿にして服装や持ち物、話し方などを観察しながら、「自分の上司はどんな人なのか」を分析しますよね。そんな感じです。そして、第一印象はそのくらい大事なのです。

ところで、第一印象はどのくらいの時間で形成されるものなのでしょうか。

1時間くらい？　それとも半日？

実は「数秒」で形成されてしまいます。さらに、その数秒で形成された第一印象は簡単には変わりません。それゆえ第一印象が最悪な場合、それを挽回するにはかなりの時間と労力を要します。このため、第一印象はいいに越したことはないのです。

❸メラビアンの法則

この法則は就職活動や婚活、転職活動でもよく耳にする理論ですので、ご存じの人も多いかもしれません。しかし、誤解されがちなこの法則、ここでは正しい解釈をご紹介します。

メラビアンの法則とは、人の印象が形成されるにあたって、服装や表情に代表される視覚情報、声のトーンや話し方を意味する聴覚情報、話す内容の言語情報がそれぞれどの程度影響を与えるのかを調査研究したものです。

それぞれの要素が印象に与える影響は、視覚情報が55％、聴覚情報が38％、言語情報が７％とされています。数字だけをみても、服装や表情などの視覚情報が印象を形成するのに大きな割合を占めていることがわかります。

しかし前述のとおり、このメラビアンの法則は、時に「人は見た目がとても大事」を伝えたいがために、誤って解釈されている場合があります。

メラビアンがこの法則を通じて本来伝えたかったことは、「メラビアンの法則は、３要素の方向性が合致するときに意味を発揮する数字である」ということです。このため、かっこいいジャージを職場に着て来てしまったとき、高そうなスーツを着ている割に話す内容は大したことなかったときは、メラビアンの法則の効果とされない具体例に挙げられるでしょう。

３つの要素の方向性の合致とは、ＴＰＯに合致した身だしなみや言葉遣い、話す内容を意識することであり、この３要素の合致によってこれまでにないほどの好印象を相手に与えることができるのです。

ゆりかごから墓場まで…公務員ならではの好印象とは

実はここに私がこの本を出す意義があり、皆さんがこの本を読む意義があるともいえます。

公務員は多岐にわたる業務を数年単位で異動し、それに付随して、一緒に働く人の顔ぶれも求められる役割も変わってきます。

それゆえ、「どのような公務員が好印象なのか」は部署によって異なるため、一言での説明は難しいです。生活保護受給者などの困りごとがある人を対応する仕事もあれば、議会の議員や首長を相手にする仕事もあります。１人の公務員が入庁して退職をするまで、さまざまな背景や属性を持つ人との出会いが数多く訪れます。

公務員の仕事は「ゆりかごから墓場まで」、つまり、人の一生に寄り添う仕事です。これは民間企業にはない公務員特有の特徴です。

そんな多岐にわたる仕事の土台にあるのが「身だしなみ」です。身だしなみが欠落すると、どんなに見た目をがんばってもまったく意味をなしません。

裏を返すと、身だしなみに気をつければ、それぞれの部署内で80点に余裕で到達させることができます。残りの20点は、その仕事ごとに求められる役割を理解すること、ちょこっとだけ自分に似合うものを服装に取り入れることです。これだけで格段に垢ぬけることができるのです。

民間企業とのやりとりが多い現在、将来的には、身だしなみに気をつける公務員が増えることが予想されます。どうせなら１００点満点の職員を目指しましょう。

官民連携が進展するなか、ブランドイメージをしっかり打ち出している民間企業のパートナーから、「見た目も中身も、公務員って進化しないわ〜」と思われないためにも、服装を中心とした身だしなみに気を使うことは多大な意義のあることだと思います。

Part 2

第一印象で「信頼できそう」感を与えるメソッド

公務員は感情労働多め、ゆえに〝心を守る鎧スタイル〟

「服」とは何のためにあるのでしょうか。

暑さ寒さを防ぐため？　裸だと恥ずかしいから？　それとも自己表現の1つでしょうか？

元来、服とは暑さ寒さを防ぐためのものでした。その後、時代が進むと、特定の集団の気持ちを統一させるための制服や、上流階級のためのオートクチュール（高級注文服）やプレタポルテ（高級既製服）などと、「服」が持つ役割も多様になっていきます。制服は集団への強い帰属を表し、オートクチュールやプレタポルテといった高価な服は自分が上流階級であることを他者に示すためのツールでした。モノが少なかったかつての時代は「服」自体も強いメッセージ性と社会から与えられた役割を持っていました。

では、現代はどうでしょうか。モノがあふれ、欲しいものがすぐに手に入る世の中では、かつてのように「服を着る意味」が失われているように感じます。朝起きて、始業時刻に間に合うようにクローゼットから急いで服を選び、通勤電車で何気なく開いたSNS上では、同じようなポーズをして同じようなモノを着たコーディネートの人の画像であふれています。この流れを否定しているのではありません。実際、現代人にとって服を着るとは、「誰かの真似をする」ことであるし、それによって、服が売れるよう業界も仕掛けています。

しかし、私はそれだけではもったいないと思うのです。

「あなたにとって服を着るとは何ですか?」という問いに明確な答えを用意することで、「服」はつらいことや悲しいことを乗り切るための力を与えてくれます。本書の版元、ぎょうせいの出版物に「ガバナンス」という雑誌があります。平成30年4月号では、東京成徳大学の関谷大輝准教授が「公務の多くは仕事上の必要に応じて、労働者が自分の感情をコントロールしなければならないという「感情労働」の性質を持つ」と述べています。笑顔でわかりやすい対応が望まれる一方で、離婚や死亡のようにネガティブなイベントを扱うこともある窓口業務、生活困窮や滞納整理などを扱う職場では、より高度で複雑な感情を求められます。また、利害対立も起きるなかで、相手の要望や価値観に加えて、法律や制度的な条件も勘案する必要があり、市民をはじめとしたさまざまな人々のあいだで高度な感情のコントロールを求められる。これが公務の職場の特徴であると結論づけていました。

私は、この記事を読むまで労働の種類を「肉体労働」と「頭脳労働」しか認識しておらず、「感情労働」という労働の存在をこの記事で初めて知りました。そして、公務員時代の「誰かに心臓をギュッと握られながら働く感じ」はこの労働の要素から来ていたのだと確信しました。感情の起伏が激しいちょっとクセのある職員や議員、都庁舎までわざわざ来庁し、意見をおっしゃるお客様、そういう人と接するときの背中が少しだけ強張《こわば》るような感覚、そして対応が終わった後に一気に押し寄せる疲労感は、まさしく相手に自分の感情が爆発しないよう押さえつけていたためだったのでしょう。

公務員の仕事は、真っ先にＡＩに取って代わられる仕事だとか、お役所仕事だとか揶揄されがちです。しかし、役所は、相手の感情に持っていかれないよう、時に心を無にして対応する必要がある場所なのだと思います。とりわけ職場内でこの感情労働での対応を要する職員が近くにいると、公務員の精神はどんどん疲弊するのです。

前置きが長くなりました。では、公務員にとって服を着るとはなんでしょう？

私が考えるに、公務員にとって「服を着る」とは「心を守る鎧」を纏《まと》うことです。

裸のメンタルで戦うことは、よほど強靭な精神をもつ者でないと難しいものです。好きな色でも柄でも構いません。職場のルールを守りつつも、どこかに自分の心をやさしく受け止めてくれる要素をコーディネートに取り入れることで、仕事中にふっと心を落ち着かせる役割を担ってくれるはずです。

このポイントづくりこそが、公務員の服装にとっての大きな意義であると私は考えています。

上に行きたい、評価されたいなら〝1・5倍服装ルール〟

公務員だったころ、「ゆくゆくは出世したい、今よりも仕事ぶりを評価されたいと思っている人は、他の職員よりも少しだけよいものを身に着けなさい」と話す上司がいました。

その上司は、人柄のみならず仕事ぶりも高い評価を受けていて、他の人よりも早いスピードで昇進していました。「服装は、自分が思っている以上に見られているし相手への心遣いを表すものだから、その人の評価の土台になる。だから上に行きたい人ほど質のよいものを着て、周りと差別化をすることが大事」と話していたことを思い出します。給湯室での何気ない会話でしたが、今の私を形づくっている言葉の１つです。

その言葉のとおり、その上司は、スーツのシルエット、シャツやネクタイの色味を品よくまとめたコーディネートで、他の管理職と並んでいても一際目を引いていました。

私を含めた多くの職員が「この人、間違いなく上に行くだろうな」と思ったことでしょう。このように公務員の世界でも、他業界と同様に「どんなものを着ているか」が仕事を円滑にすることはもちろん、自分が評価を受けるにあたってとても重要な役割を果たします。

ここで私が現職の幹部の方や幹部を目指す方に提案している考え方が、「1・5倍服装ルール」です。

要するに、今着ている服装よりも1・5倍高価なアイテムを買いましょう、というルールです。

若手のうちはもらえる給料の額も限られているため実践するのは難しいですが、中堅以降、特に幹部や管理職志望者は必ず実践してください。

「自分なんかが高いものを着ても何も変わらない」。数多くの現職公務員の皆さんから同じフレーズを聞いてきました。もう耳にタコができるくらい（笑）。

しかしここは笑顔で否定します。変わりますよ。

少しだけ高価なものを着ると、あなた自身の心持ち、そしてあなたに対する周囲の人からの評価も必ず変わってきます。服装は着る者の心に影響を与えます。学術的にも、ファッションと心理学、社会学を結合させた研究領域も存在し、「服装は人の精神に影響を与える」ということがさまざまな切り口で分析されているほどです。私たちの心というものは、そのくらいデリケートかつ単純です。

では、この１・５倍服装ルールを実践すると何が変わるのでしょうか。一番の変化は、言わずもがな「見た目」でしょう。日頃、公務員の皆さんが仕事で着ている服装は、ファストファッションや量販店のものが多いようです。しかし、ここに１つ、落とし穴が。お財布にやさしいブランドの商品は、年齢を重ねるとともに似合うものを見つけることが難しくなってきます。一定の年齢を超えると、「若いころは似合っていたのに、なんだか最近似合わなくなったような気がする」と違和感を覚えてきます。歳を重ねると肌がくすんできたり、身体の欠点が気になったりしますが、そのような気になる部分をカバーするにあたって、プチプライス（低価格）な洋服では突貫工事ができません。幾千万というアイテムのなかから本当に似合うものを見つけられる審美眼を鍛える必要がありますが、相当な難易度の高さでしょう。失敗すると、安かろう悪かろうなのです。

これに対し、高価で上質なアイテムは、着用したときの身体の美しいシルエットや動きやすさが格別です。少なくとも着る人を思いやって作られているものばかりです。生地の重みや、ひとめでわかる生地の質のよさは、着ているその人の印象を格上げしてくれます。

その様子が特に顕著なのは、これまで既製服のスーツを着られていた方がオーダースーツを初めて身に着けたときです。仕事服にお金をかけてこなかった人であればあるほど、その着心地やシルエットの美しさに感動されます。そして、「どこのスーツですか」「ビシッと着こなされていますね」と周囲から褒められる経験を何度もされているということです。

このように、スーツやシャツといった仕事服でいつもよりも少しだけよいものを身に着けることは、相手との会話のきっかけを作ってくれることもあります。そのくらい、人は相手が身に着けているものが気になるものなのです。

次の変化は「マインド」の部分です。私が思うに、外見は中身の表層です。人の持つ考え方や価値観は、年齢を重ねていけばいくほど見た目に表れてきます。見た目と中身は相互作用しているものなのです。
「人は見た目ではない、中身だ」との意見もありますが、それは半分正しくて半分誤りです。正しくは、「人は見た目も中身も大事」なのです。

私の仕事は、お客様の見た目（正確にはイメージ）を変えることによって、その人のマインドを変化させ、仕事やプライベートでのパフォーマンスを向上させることを目的としています。ただ単に、服で人を飾り立てるだけではないのです。

このように、普段よりも少しだけよいものを着ることで、自分に自信が出て、そこから派生する効果として所作が普段より整います。姿勢がよくなったり、書類に対する扱いがやさしくなったりします。美しい所作は誰に対しても好印象を与えます。

言い換えると、所作に余裕が出てくるのです。パソコンの画面に前のめりになって仕事をしたり、紙の書類を机に雑に置いたり、私たちは日常生活のなかで自分の立ち居振る舞いまで気を配るのは難しいものです。気づいたら、とても格好悪い姿勢になっていることも……。しかし、相手への印象の観点からは「見た目」と同じくらい、「立ち居振る舞い」もその人のイメージを形づくる大事な要素です。そして余裕のある所作を生み出す最短の方法は、少しだけよい服を着ることです。

新しい場所に行く日や自分よりも立場が上の人と接する頻度が高い日、人前に出て発言をする日は、いつもより1・5倍高い服で登庁してみましょう。

階層別服装術

公務員も民間と同様、その職階によって「仕事がスムーズになる自分の見せ方」はそれぞれ違います。この章では、「若手」「中堅」「管理職」の順に、それぞれの階層に合った「服装を通じた自分の見せ方」について紹介していきたいと思います。

【若手】は「顔を覚えてもらい、話しかけられやすい」自分をつくる

よく公務員内定者から「採用試験から出世競争は始まっている」というフレーズを耳にしますが、私はそうは思いません。しかし、入庁後からは間違いなく出世競争がス

タートしており、そのなかで見た目が果たす役割は思った以上に大事であるということだけは伝えたいと思います。

さて、読者の皆さん、ご自身の新採（新規採用）時代を思い出してみてください。新採というだけで、人よりも注目されていませんでしたか？　フロアを行き来するだけで人の視線を感じませんでしたか？

新採はとても注目される存在です。私の場合も言わずもがな、しかも入庁した２０１１年は同年発生の東日本大震災により多くの都庁職員が被災地支援に行っていた背景があり、本来は２０１２年４月採用だったはずが、前年の12月に「前倒し採用」で採用されました。しかも、私が着任した東京都生活文化局では、前倒し採用で入都した新採は私ただ１人だったこともあり、いろいろな人から何かと注目を浴びていたのを覚えています。

特に新採はある意味ブランドです。ここでうまく立ち回れば、役人人生は比較的明るいものになると思います。先輩や上司は、新採をはじめとした若手職員が思う以上に、いろいろな意味で注目しているものです。

では新採や若手職員は、どのような印象づくりが適しているのでしょうか？

それは「話しかけたくなるような親しみやすい印象を構築すること」に尽きます。たとえばネクタイの色味なら、ネイビーやワインなどの暗めの色味よりも少しだけ明るい色味を選びましょう。Ｖゾーンが爽やかな印象になります。

親しみやすさの演出でオススメなのは「黄色（イエロー）」です。黄色系のネクタイ、ストライプに黄色が入っているネクタイを選ぶと、オープンで親しみやすい印象になります。黄色は色彩心理学では「明朗・快活・若さ・前進的」といった象徴性があります（「Ｃｏｌｌｏｒ Ｍａｓｔｅｒ ＢＡＳＩＣ」ＮＰＯ法人アデック出版局　２０１７年）。外交での駆け引きの際に黄色のネクタイを締める政治家も多くいます。また、自分の肌の色に似合う色を見つけるパーソナルカラーの考え方では、黄色を含んだ色味は、顔の血色を出し、元気に見せてくれる効果があります。このため服装のどこかに黄色を取り入れることは「親しみやすさ」を演出するための簡単で手っ取り早い手法です。ぜひ実践してみてくださいね。

また、身だしなみの基本についても守らなければならないことは言うまでもありません。

気をつけるべきは、「髪の毛」「指先」「指先（爪）」の3つの先端部分です。これらは、「無意識に相手が見てしまうパーツ」なのに、当の本人にとっては「気を抜きがちな鬼門」だからです。特に窓口や現場に配属されやすい新採さんや若手職員は、他の年次と比べて、書類を指し示す動作をしたり、初対面の相手（主に市民）と話したりすることが多いです。中堅や管理職の職員もこの3つの先端部分を整えておくことは無論大事ですが、とりわけ若手のうちから気を配る習慣を身に付けることによって、同期よりもよい印象を役所の内外に与えることができます。

若手のうちは、仕事でわからないことが多いのは当たり前です。若手職員の方からは、「誰かに聞かないと仕事が先に進められない。けれど、先輩が忙しくしていて、とてもじゃないけど聞ける空気ではない」という声をたくさん耳にします。聞きたいけれど聞けない……、この空気のなか、自分1人で戦っていると心身に支障をきたします。

都職員時代、私はすぐ人に聞いてしまう職員で、先輩から「いちいち聞かないでまとめて聞いて」と一刀両断されたこともありましたし、本庁に配属された若手職員が聞きたくても聞けない空気で精神的に追い詰められ、休職・退職する職員を何人も見てきました。

この流れを回避するためにも、若手職員が自分から「気さくな若手」を演じることは自分の身を守ることにつながります。

服装は、そのためになくてはならない道具です。意識しながら人間関係を構築していきましょう。

若手
POINT

- **“話しかけたくなる親しみやすさ”を目指そう**
- **ネクタイの色**
  - **○ 黄色がオススメ。やや明るめの色を選ぼう**
  - **× ネイビー、ワイン**
- **相手の目が行きやすい「髪の毛」「指先」「指先（爪）」に気を配る**

※中堅、管理職も大事だが、若手のうちから習慣づけよう

心身ともにたるみがちな【中堅】は「フィット感」を最重要項目に

実は私のお客様で一番多いのが、中堅の職員さんです。私は30歳を超えたらもう中堅とみなしています。主任、主査、早い人は係長に昇進するくらいの年次です。若手職員の悩みは仕事が多いのですが、中堅を迎えると仕事に加え、家庭やプライベートの悩みが増える印象です。人生のターニングポイントがそのくらいに訪れるのでしょう。

たとえば、育児や家庭の問題はすでに女性だけの問題ではありません。公務員男性は家庭に積極的に参加されている方が多いため、子どもの悩みや仕事と家庭のバランスなどの悩みを抱えがちで、お客様のなかには転職したいとおっしゃる人もいます。ちょうどおなかのお肉の悩みが出はじめるのもそのくらいの年代というのも相まって……。

公務員を経験して感じることは、この中堅の扱い次第で自治体の未来は大きく変わってくるということです。

なぜならば、この頃の職員の気持ちは、とても複雑なものを抱えているから。

この年代の職員のメンタルは強そうに見えて実は繊細です（31歳で退職した私もそうで

した)。出世コースに乗る人とそうでない人がはっきり分かれる、キャパシティ以上の仕事をこなさなければいけない、家庭やプライベートの悩みが加わる、などなど。何より、自分が所属する自治体の実情も少しずつ見えてくるため、諦めの境地に達して役所を去る人が増えるのもこの世代です。「10年ほどがんばってきたけれど、これをあと30年くらい続けるのか」「自分はこういう仕事が得意なのになかなか汲み取ってもらえない」、頭のなかに「辞めたい」の4文字がちらつきがちです。

このように、役所のなかだけ見てがむしゃらにがんばってきた若手とは異なり、年齢を重ねて視野が広くなったぶん、さまざまな思いを持って仕事する人が多いのが、この中堅の特徴です。しかも「中だるみ」「後ろ向き」な気持ちを持つ人の割合も増えてきます。そろそろ、役所内部の空気や昇進のシステム、仕事の進め方などを変えていく時期なのかもしれません。

そこで、このくらいの年次の方は、フィット感重視で服装を選んでください。

体型の変化を無視して若手時代と同じスーツを着ていたり、そもそも身だしなみへの意識がほぼ皆無になっていたりと、この年代は自分1人では服装まで気持ちが行き届かない人がごくまれに見られます。「公務員がおしゃれなんかしても無意味だ」という思いに達するようです。

しかし、ここで永遠に「くたびれ系」職員でいるのは、せっかくの公務員人生を損しています。見た目と心はつながっています。見た目が整うことで心も安定します。仕事やプライベートのパフォーマンスを高めて気持ちを再浮上させるために手っ取り早い方法は「見た目を整えること」ですよ。

スーツスタイルで最重要ポイントはいたってシンプル。「サイズが合っているか」ということです。

「え？　それだけ？」と思うかもしれませんが、男性の服装、特にスーツスタイルを考えるにあたっては、適正サイズ、いわゆるフィット感はスーツを着るすべての人の最重要ポイントであり、最低限守るべきポイントです。

男性のスーツスタイルは、女性のファッションのようにバラエティに富むものではありません。ゆえに同じようなスーツ姿の男性が並んだとき、容易に比較されてしまいます。肩がカパカパと浮いている、パンツがダボダボとしたサイズ感というように、サイズが身体に合っているか否かで相手に与える印象が大きく変わります。

皆さんも日常生活で実感があるのではないでしょうか。テレビのコメンテーターや政治家の着ているスーツを見て、「サイズが合ってない、かっこ悪い」と感じた違和感を。あなたがもし、自分のスーツのサイズにこだわりなく着ていた場合は、あなたの周りの人も同じ感情を抱いているかもしれません。

心も身体もたるみがちな中堅の職員の皆さんは、まず基本に立ち返り、自分の適正サイズを知ることがイメージアップへの近道です。私のお客様には、テーラーでスーツを仕立てている方も多くいらっしゃいます。その方たちは、オーダースーツのメリットについて、「すべてはフィット感」と口を揃えます。正しいサイズのものを着ることで、まずは自分が感動し、その感動を周りに与えるのです。

中堅
POINT

- 〝フィット感重視〟で公私ともにパフォーマンスを高める
- 自分のサイズをきちんと知り、自分のサイズでスーツを着る
- もう若さでごまかせない！　肩がパカパカ、パンツがダボダボはくたびれ感を助長する

エグゼクティブ対応の多い【管理職】は「質のよいもの」で差別化を

公務員の人はツイッターの利用者がとても多く、私もさまざまな方とツイッターを通じて交流しています。〝ツイッタランド〟に住む公務員の皆さんは本当にやさしい人ばかりでありがたいのですが、ツイッターの投稿を読んでいると、時折目にするのが上司のこと。上司からアレをされたコレをされた、こんなことを言われたといった投稿は、同業の共感を得やすいようで、たくさんの「いいね」がついたり、リツイートされる傾向にあるようです。

そのくらい公務員は、「上司」いわゆる管理職のことを気にしています。自治体によりますが、管理職になるためには試験を受けて合格しなければならないパターンもあれば、適正だと思しき人材が試験を経ずに昇任するパターンもあります。東京都は前者ですが、小規模自治体や基礎自治体の場合は後者が多いように思います。管理職は多くの職員のなかから選ばれた存在ですが、部下にとって、「誰のもとで働くのか」は職員の1年間のライフワークバランスを左右する超重要事項です。

では、管理職の仕事内容から「どのような服装が管理職にふさわしいのか」を考察していきましょう。

管理職になると、日々の業務で接する人の幅が一般職員よりも広くなります。部・局のトップ、はたまた首長の前でレクに入る頻度も増えますし、自身の評価に多大な影響を及ぼす議員対応も行います。審議会などでは有識者と対等に話さなければなりません。国や他の自治体とのやりとりも増加します。

接する相手の数が増えると同時に、相手の社会的地位も高くなる傾向にあります。このため、管理職こそ、スーツのウール素材にこだわってみる、体型を美しく見せるオーダーのシャツを着るといった上質なものを身に着ける「差別化」の姿勢が不可欠です。管理職ともなってくると、仕事のシーンにおける服装は「相手のため」の意味合いが強くなります。質のよいものを身に着けることは、相手に対する敬意の表れです。課の代表、部の代表、局の代表、そして１つの自治体の代表として、恥ずかしくない服装をしましょう。

現役管理職、管理職志望者の方にもう１点、心得ておいてほしいことは、「部下は管理職の服装を結構見ている」ということです。

着こなしがだらしなかったり、手入れがされていなかったり、明らかに安価なものであることがわかったりする服装は、部下の信頼を低下させ、組織の生産性を下げます。私も公務員時代、とても品のある着こなしをする部長が同じフロアにいましたが、上司の着こなしがきちんとしているだけで、フロア全体の空気が引き締まるのがよくわかりました。みんな、「あの部長の下で働きたい」と話していました。

私は30代で公務員を退職したため、無論管理職は経験していません。しかし、いちヒラ職員の立場からいうと、管理職は仕事のうえで最後の砦。自分では手に負えない案件やクレームを私に代わって粛々と対応してくれたのが、私のなかの管理職の記憶です（もしかしたら、比較的恵まれた職場環境だったのかも?）。しかし、面倒なお客様やメディアの対応をするときに、だらしない着こなしの課長が出てくるよりも、スーツをカッコよく着こなした課長が出てくるほうが、相手は一目置いた対応をするはずです。このように管理職が服装においてよいものを着ることは、部下や組織を守る効果も発揮するといえるでしょう。

管理職
POINT

● ビジネスシーンは「相手のため」。質のよいものを着ることは敬意を表す
↓服装が決まっていると、相手から一目置かれる

● 部下は管理職の服装をきちんと見ている
↓「あの管理職の下で働きたい」「外部に紹介したい」と思われよう
↓部下からの信頼、組織の生産性にも影響する、フロアの雰囲気が引き締まる

身だしなみを意識した公務員に起きたこと

❶ 周囲の反応が変わった話

おそらくここが一番知りたいところかもしれません。その前に、この言葉をご存じですか？

「おしゃれは自分のため、身だしなみは相手のため」

これは私自身、自分のためのおしゃれを貫いていた公務員時代に知っておきたかった言葉の1つです。私たちは、自分のために生きていた学生時代とは違い、社会に出ると誰かのために仕事をします。なかでも公務員の仕事の特徴は、この「誰かのために」の比重が他の仕事に比べて格段に高い傾向にあることでしょう。だって、憲法で定められている「全体の奉仕者」ですから。災害のときは真っ先に駆けつけなければならないし、ゴミ収集に水道・下水道など、私たちの生活になくてはならない仕事が公務員の仕事です。自己犠牲の精神が他の仕事と比較して高いため、本来、「相手のため」の身だしなみは得意なはずであるし、仕事のゴールにも合致するはずです。

「身だしなみを整えると得するの？」な方のために、ここからは身だしなみを意識した公務員に何が起きたのか、お客様の実体験を紹介したいと思います。

中堅職員のAさんは、真面目で誠実な印象を与える「ザ・行政マン」というたたずまいです。仕事のやりがいや大変さもスラスラと言葉で出てくるので「あぁ、充実されたお仕事をされているのだなあ」という印象を受けました。上司への連絡は早めに打ち返し、後輩への心遣いも忘れず、その日のタスクが終わるまで退庁しないという真面目さです。しかしＡさん曰く、「それなりにがんばっている自負があるのに真っ当な評価を受けていないような気がする」とのことでした。

イメージコンサルタントの私の視点から見ると、Ａさんには引っかかりがありました。それは、「仕事に必死すぎて身だしなみをどこかに置いてきてしまっている典型」の職員さんだということです。結び目が黒ずんだネクタイを緩めに結び、「何年前から着てますか？」と問いたくなるほど着倒されたスーツ、極め付きはボールペンのインクのシミがついたシャツ……、どこから見てもダサい公務員そのものです。

このような方には「朝の身だしなみチェックシート」（Ｐ２０６）を目につくところに張ってもらい、姿見（全身鏡）を購入してもらうだけで、不思議なことに、見違えるように変わります。Ａさんのようにマイナスをゼロにするのは簡単なのです。

身だしなみを少しだけ気をつけることで周囲の反応も変わり、日頃の扱いが以前と変わったような気がするとおっしゃっていました。

❷窓口でナメられなくなった話

若手職員の登竜門といえば窓口業務です（基礎自治体の職員である私の妹は、最初の配属が保険年金関係の窓口でたくさんの洗礼を受けたようです）。特に年配の方が来られる窓口では、若い職員に対して気難しい態度をされるお客様が数多く来られます。高校や大学を卒業したばかりの職員が窓口に配属されるのは、かなりスリリングなことでしょう。おそらく、春はかなりストレスフルな毎日を過ごされるのではないかと推察します。

これは新規採用の男性職員Bさんのお話です。童顔で実年齢よりも若く見られることが多いBさんは、窓口に立つとご年配の方から横柄な態度を取られたり、存在を軽んじられたりすることがありました。仕事の覚えが早く上司からの信頼も厚いBさんですが、窓口のときは少しだけ憂うつな気分になっていたようです。人は基本的に若く見られたい生き物ですが、若々しい印象は時にこういう悩みを引き起こします。しかし、見た目を少しだけ変えるだけでその悩みも解決するのです。

大人っぽく見られるテクニックその1は、青などの寒色系のネクタイを使うことです。

ジャケットやパンツでは紺、黒などのはっきりとしたクリアな色は使わず、濁った色に分類されるグレーを使います。グレーという濁ったやわらかい色が入ることで、服装全体に余裕が生まれます。スーツやクールビズのポロシャツスタイルにも応用できるテクニックです。

大人っぽく見られるテクニックその2は、時計をスポーツウォッチからシンプルな金属のものに変えることです。スポーツウォッチをファッションとして自分のものにするには、相当なセンスが必要です。ともすれば学生の延長線であった見た目になってしまうところを、シンプルな金属の時計にチェンジするだけで、社会人の風貌にしっかりと変化します。

この2つのポイントを変えるだけで見た目の印象は大きく変わります。簡単なことなのですが、毎日忙しく過ごしていると、この解決策はなかなか思いつかないようで、本人曰く、これまでよりも対等な目線で窓口対応をすることができるようになった、ということです。

このように、TPOや立場に適した身だしなみを少しだけ整えることで、相手の反応に変化が表れます。また、服装を変えることをきっかけに「仕事のしやすさ」を発見したりすることができます。

公務員が身だしなみについて学ぶのは、おそらく新人研修のときのみかもしれませんが、あの覚えることだらけの新人研修で身だしなみのことを学んでも、情報の洪水で埋もれてしまいそうです。もしくは、座学だらけの研修の完全な息抜きタイムになっていたのではないでしょうか。

だからこそ、実際に業務がスタートしたなかで、一度自分の身だしなみについて他人の意見を聞いてみたり、専門家にアドバイスを求め、俯瞰的に眺めやりすることが大切です。見た目とは、容姿のよしあしという短絡的な視点からではなく、自分の仕事や人間関係を円滑にするという視点から見ても、とても大事なのです。

プチプラファッションをカッコよく着こなすコツ

押印をするときの朱肉で汚れたり、外出や出張が多かったりする公務員の服装には、ユニクロをはじめとしたファストファッションは持ってこいです。インターネットで「公務員　服装」と検索すると、「公務員　服装　ユニクロ」といった予測変換まで出てくるほど。事実、若手のときは給料も安く、ファストファッションはコーディネートの1軍として大活躍します。

最近は、全身を高価なアイテムのみでコーディネートするのではなく、安価なものもほどよく取り入れながらカッコよく着こなせる人に注目が集まる時代です。全身ハイブランドはダサいそうです。時代は変わったなあとつくづく感じます。

服にお金をかけないことについて、私は否定しません。むしろ安価で服が手に入る最高の消費の循環なので、実践できている人はすばらしいと思います。

1つ忠告するとすれば、全身プチプラでもオッケーなのは若いうちだけの特権ということです。年齢を重ねてきたときに身に着けるものすべてをプチプラでまとめてしまうと、大体の人がダダすべりします。

理由は簡単、「年齢とともに体型が変わるから」です。裏を返せば「若いうちは何でも似合う」のです。これは男性も女性もどちらにでも共通しますが、私たちの体型は加齢とともに元々の骨格が明らかになってきます。筋肉は脂肪に変わり、その脂肪は重力に逆らえなくなり、同時に肌のハリやツヤがなくなります。そして、肉がつきやすいところにばかり肉がつき、ここ見せたくないわ、という部位が余計に目立ってきてしまうのが加齢です。それゆえ、薄く傷みやすい生地で、若い人向けのシルエットが多いプチプラ服は、「補正」の効果がほぼ期待できません。プチプラファッションこそきちんと選べる審美眼が必要なのです。

では、その「きちんと選ぶ」とはどういうことなのか。

まず1番大事なのが「試着」です。試着してから購入するのを至極当然としている人がいる一方で、洋服選びに時間を割く傾向にない人にとって試着ほどおっくうなものはありません。実際、ファストファッションのお店では、試着もせずにボコボコと買い物カゴに投入する姿が目立ちます。

しかし私は、こういうお店こそ試着が命だと考えています。その服の着心地や身体のラインのカバーの具合、そして、肌と触れ合ったときの質感など、試着しないとわからないことばかりです。行列する試着室を見て面倒くささにかまけていると、いざ着てみたときの「なんか違う」を引きずりながら過ごすことになります。それは仕事の質を向上する視点からもあまり好ましくありません。

もう1つの注意点は、コラボもの、トレンドのデザインなど、少しだけ変わったアイテムは飽きやすいことです。狙うなら、毎年定番で出ているような「ラインもの」を選ぶようにしましょう。

そして最後は、自分に「似合う」ものを購入することです。「このデザインは似合う」「このデザインだと似合わない」となんとなく感じることがあると思いますが、プチプラファッションの場合、自分の得意なデザインを選ぶことで、安っぽく見えず「高見え」させることが可能です。ユニクロで購入したパンツを5年くらい履いている人がいるように、自分にとっての「ベスト」なアイテムが見つかると、プチプラファッションほどすばらしいものはありません。ファッションは未来への投資、そしてその投資にかけるお金を最少にしたい方は、プチプラファッションこそよく考えて選ぶべきものなのです。

Part 3

公務員のためのアイテム選びのメソッド

ここからは、スーツ、シャツなどといったアイテム別に、公務員としての印象がアップする方法について触れていきます。公務員の職場にはどんな服が適しているのかをひも解いていきましょう。

どこで買う？ いくらかける？ 公務員のお仕事服事情

毎日一緒にいる先輩や同僚、とりわけ上司になかなか聞けない話題がコレ。「スーツ、どこで買っていますか？」はまだしも、「スーツにいくらかけていますか？」を聞けるのはお酒が入ったときくらいなのではないでしょうか。

公務員がスーツをどこで購入し、どのくらいの価格帯が一般的なのかという調査は、私の知る限りこれまで誰も行ったことがありません。「アエラスタイルマガジン」（朝日新聞出版）２０１９年9月17日の記事「スーツの値段と年代別の相場を知る」によると、年代別のスーツの値段の相場は左のとおりです。

- 20代前半：2万円～3万円
- 20代後半：2万円～5万円
- 30　代：3万5000円～7万円
- 40　代：4万5千円～10万円
- 50代以上：6万5000円～20万円

ご自身の世代に当てはめてみてはいかがでしょうか？　まさしくそのとおりの方、年齢の割に安価なスーツを着ていることがわかった方、さまざまな発見があったかと思います。

最近のテーラーでは20代前半と思しき若い方も見かけます。スーツへのこだわりは人それぞれですが、スーツの価格は年齢とともに上げていくのが常識です。極端な話、読者の方で50代の今も量販店のセール品を買っている人は、この機会に見直してみませんか。

今からは公務員にスポットを当ててみましょう。聞く話では、公務員のスーツにかける情熱はかなり両極端で、こだわりのある人とない人にスパッと分かれます。こだわりのない人は何を言っても動きません。スーツを着たくない、暑い、苦しい、動きにくい、といろいろな理屈を並べてくたびれたスーツを着つづけています。そして残念なことに、公務員の世界ではこの「こだわりのない人」が圧倒的です。

今からは、スーツ、シャツ、ネクタイといったお仕事スタイルを構成するファッションアイテムを「好印象」に着こなすための各論です。

1 スーツのメソッド

OK!

■ジャストサイズで着る、そのために自分のサイズを知る

■1位ネイビー（万能！）、2位グレー（こなれ感！）、3位ストライプ柄（スマート！）

■相手の話を聞く業務には明るめのグレーが◎

■パンツはストレートラインを選ぶ

■パンツの折り目をきちんとつける（信頼感は直線から生まれる）

■わからなかったら店員さんに聞けばいい

NG!

■黒は避ける

■スーツでキメようとしない・遊ぼうとしない

■ヨレヨレ、シワシワは不潔に見える

■サイズがだぼだぼ（肩が落ちている、ジャケットの袖丈&パンツの裾丈が長すぎる）

■サイズが細身すぎる（職業を選ぶ）

■数年前のスーツは古くささがバレる

スーツは「なんとなく」で選ばない

皆さんはスーツをどのような基準で選んでいますか？

価格？　シルエット？　機能性？　……それとも、いちいち1つひとつにこだわるのも時間のムダ？

公務員の方にスーツの考え方を尋ねると、圧倒的に多いのは「なんとなく」です。「なんとなく」って何だんだ！　と思いますが、具体的に聞いていくと、量販店のセールの時期に、なんとなく無難な色味の吊るしのスーツを手に取り、とりあえず試着をして、サイズ的に着られればOKととらえているようです。

生きていくうえでは、スーツより大事なものがたくさんあります。しかし、労働時間が長くなりがちな日本人は、スーツを着ている時間は、大体の人が実に10時間以上。1日のうちかなり長い時間スーツを着ているわけです。

言い換えれば、スーツ姿に少しだけこだわってみるだけで、スーツを着ている10時間を快適に過ごせるうえ、他人に対してはるかによい印象を与えることができるのです。

同時に、今の時代はスーツ離れの風潮があり、「勤務中のスーツ着用をやめました」という選択をとる企業が増えてきています。就職活動中の学生にもスーツ着用なしの企業が魅力的にうつるようで、一部の若い世代からは、スーツはさながら昭和のおじさんの遺物などといったイメージまで……。

ビジネスカジュアルももちろん素敵ですが、スーツをスマートに着こなした際に醸し出されるオーラにはかないません。

スーツはすべてのメンズファッションの基礎となるもの。自分にとってベストなサイズの選び方から、服装から伝わる印象構築の方法まで、着こなしの基礎がたくさん詰まっているのがスーツスタイルです。女性のファッションやカジュアルファッションとは異なり、服選びの遊びの幅が狭いぶん、ガチッと型にはまった知識を少しだけ頭に入れるだけで簡単に印象をアップさせることができます。カジュアルファッションの着こなしを勉強するよりもはるかに頭に入っていきやすいともいえるでしょう。

それゆえ、スーツを上手に着こなすことができれば自然とスーツ以外のシーンの服装もセンスが磨かれます。スーツのポイントをおさえると、多くの公務員男性が苦手としているカジュアルファッションにも昇華できる点がたくさんあるのです。

では、スーツを「なんとなく」で選ばないためにはどうすればいいのでしょうか？

最も簡単なのはオーダースーツにチャレンジしてみることです。

オーダーと聞くと一気にハードルが上がりますが、何てことはありません。口酸っぱくオーダースーツをすすめる理由は、幅広い金額とブランド、デザインなど世にあまたある既成のスーツのなかから選ぶ目を時間をかけて鍛えるよりも、少し高いお金を出してオーダースーツをあつらえ、自分に適したサイズを知り、身をもって体感してしまうほうがよっぽど近道で簡単だからです。

そして、自分のサイズに適したスーツを着たシルエットと心地よさを知ると、よいスーツによって格上げされた本当の自分を発見できます。また、近頃は比較的安価にスーツをあつらえることができるようになり、道路沿いにあるような量販店でもオーダーが可能です。昨今はオーダースーツの需要が高まってきていて、既製服のニーズにも影響を与えるほどの人気ぶりです。チャレンジしやすい土壌はすでにできあがっています。

オーダースーツには、①着丈や袖丈といった一部の修正が中心のパターンオーダー、

②パターンオーダーよりも修正可能な箇所が増えるイージーオーダー、③型紙そのものからオリジナルで作り、あらゆる体型にフィットさせることができるフルオーダーの3種類があります。価格帯や納期は、①のパターンオーダーが一番手頃で納期が短く（約3週間）、③のフルオーダーはスーツ1着に注がれる手間ひまが格段に増すため価格も高価に、そして納期も長くなります（約1カ月）。

私も仕事上、テーラーに同行しお客様のスーツを作るお手伝いをしていますが、中間である②のイージーオーダーで注文される方が多いです。パターンオーダーだと完成品が物足りなく感じる可能性があるため、まずはイージーオーダーからスタートしてみてください。来店の際は必ず予約を。初回は緊張するかもしれませんが、テーラーのスタッフさんは1対1での接客にこなれた方が多く、スーツの雑学などを交えながら楽しく教えてくれるので、お店を出るときにはスーツがもっと好きになっているはずです。

スーツに迷ったら「ネイビー」に頼る

スーツの色の基礎は「ネイビー」と「グレー」です。この2色を基本の色として着回します。

時折、学生の頃に着ていたであろう黒のリクルートスーツで仕事をしている若手職員を見かけますが、リクルートスーツとビジネススーツはまったくの別物です。社会人の服装で最優先すべきは、ネイビーのスーツを手に入れることです。

さて、ネイビーのスーツはすでにお持ちの方がほとんどだと思いますが、なぜ「ネイビーなのか」という根本に立ち返ってみましょう。

私たちがネイビーを着るべき理由、それは、「ネイビーは最大の好感度を誇る色」だからです。元来ネイビーは英国海軍の色といわれていますが、日本人にとってネイビーのもととなる「藍」は、古来より身近に存在する植物であり、今も藍染めが行われている地域が数多く存在しています。そういえば、２０２０東京オリンピック・パラリンピックのエンブレムの色も「ネイビー（藍色）」でした。自分自身を省みても、ネイビーの洋服はクローゼットに必ず１着は入っています。そのくらい、日本人とネイビーは切っても切れない関係を築いているのです。

では、ネイビーの色の効果とはどのようなものなのでしょうか？

ネイビーが与える主な印象は「清潔感・真面目で誠実・調和」といったもの。

あれ？　これってまさに公務員の仕事に不可欠な要素なのでは？

ネイビーは黒ほど重い印象にならず、しかし青みの強いスーツほどの主張はありません。また、どの色とも１００％の仲のよさを発揮するネイビーは、初心者こそ取り入れてほしい色です。紺の洋名であるネイビーは英国海軍の色であるということは、つまり、英国由来であるメンズファッションには欠かせない色というわけです。デキる男の信頼感の土台になる色ですから、これほど心強い色はありません。

議会棟に用事がある日、幹部レクの日、気が乗らないアポイントがある日……など、憂うつな予定がある日や、疲れてスーツを選ぶ気力がないときは、迷わずネイビーのスーツを手に取ってください。ネイビーのスーツは誰にでも似合ううえ、好感度は満点。仕事でいろいろな人と接する機会が多い公務員の強い味方です。

一概にネイビー、いわゆる紺といってもさまざまな色味があります。たとえば、安倍晋三元首相のスーツの色のような明るい瑠璃色、緑みを帯びた鉄紺、黒に近い濃紺、紫に近い紺桔梗など、藍染が発達したわが国には、紺と銘打った色味が数多く存在しています。実際に試着してみて、自分の目指す印象を思い浮かべながら、「なんかいいかも」

「しっくりこないな……」といった気持ちを大切にしながら選んでみてください。

こなれ感と軽やかさはグレーのスーツ

ネイビーのスーツはマストで入手すべきアイテムですが、これからお話しするグレーのスーツもネイビーのスーツと同じくらいのマストアイテムです。2〜3着のスーツを着まわす人が多いなか、私がすすめるスーツのバリエーションは、

①ネイビーの無地
②グレーの無地
③ネイビーかグレーのストライプ

です。この3種類は活用度が広く、持っておいてまったく損はありません。

ここではグレーのスーツの奥深さについてお話しします。

ネイビーが「清潔感や誠実さ」を表すのに対して、グレーは「やわらかさや気品」を表します。なぜならば、グレーは色味が濁っているからです。

グレーは濁りのある色の代表格です。たとえば、赤や緑といった色は、グレーを混ぜ

ると濁って色味が複雑になっていきます。色同士は中和され、独特のニュアンスを生み出します。そこに不可欠なのがグレーの存在です。それゆえグレーは「濁り」を生み出すための大事な役割を果たすのです。

　また、グレーは、日本人と古くから強い結びつきがある色であることも特筆すべき点です。「四《し》十《じゅう》八《はっ》茶《ちゃ》百《ひゃく》鼠《ねず》」という言葉をご存じでしょうか。これは江戸時代に誕生した言葉で、当時茶色やグレーが数多く存在していたことを示しています。享保《きょうほう》の改革で有名な徳川吉宗は、質素倹約を尊び、一般庶民に対して「奢《しゃ》侈《し》禁《きん》止《し》令《れい》」を発出しました。このため、赤や黄色などの鮮やかな色や濃い色を着ることは固く禁じられました。でもやっぱりおしゃれがしたいという気持ちを抱いていた江戸の人々は、そのような状況下でも着飾ることを諦めませんでした。

　こうして誕生したのが、絶妙に風合いの異なる数多くの茶色やねずみ色である「四十八茶百鼠」です。これらのねずみ色の種類には、ねずみ色に薄い茶色を混ぜたような「江戸鼠」、少しだけピンクがかった「梅鼠」、薄い緑にねずみ色を混ぜた「深川鼠」などがあり、言葉のうえでは「百鼠」とたとえられていますが実際は１００種類を超えていたようです。この微妙な色味の違いを楽しんでおしゃれに取り入れる方法が「粋」とされていたのです。この江戸時代の人々の心意気は、きっと現代の私たちの心にも残っているはずです。

このように、「ネイビー」と同じく「グレー」も古くから日本人が親しんできた色であり、身近にたくさん存在していたからこそ、上手に着こなすことでやわらかな気品ある印象をつくり上げることができます。

グレーにもいろいろな色味があります。黒に近ければ近いほど「重厚感と権威」を感じさせますし、グレーの色が薄ければ薄いほどやさしく爽やかな印象になります。このあたりは季節や顔とのバランスを加味して選ぶことは言うまでもありませんが、こわもての管理職や相手の話を聞く仕事が多い窓口対応や相談員業務を行っている人は、人当たりがよく見える明るめのグレーがオススメです。

公務員に黒のスーツはオススメしない

ネイビーとグレーの他に持っている割合が高い色といえば「黒」が挙げられると思い

ますが、私は、公務員の方に黒のスーツは基本的におすすめしません。その理由は次の3点からです。

1点目は「リクルートスーツっぽさ」が出てしまうからです。就職活動の際に着用するリクルートスーツは黒が基本ですが、ビジネススーツはまた別物です。新採さんが採用された後1週間くらい着ているのはオッケーとして、2年目や3年目の職員が就職活動の際に使用したと思われる黒のスーツを着ていると安っぽく見えます。黒のスーツをメインに着ている方は、早めにネイビーかグレーのスーツの手持ちを増やしたほうがよいでしょう。

2点目は、黒は一番暗く重さを感じさせる色のため、公務員の仕事に必要な「誠実さ」や「信頼感」ではなく、「威厳」や「重厚感」のアピールのほうが勝ってしまうからです。黒が好みならば、少しだけ白を入れたチャコールグレー（墨黒）を選びましょう。また、黒は、普通体型の男性が着ると威圧的に見えてしまいがちですが、小柄な男性が威厳を出すために選ぶのは1つの手です。

3点目は、「モードっぽさ」が出てしまうから。黒は何にでも合わせやすい色かと思うかもしれませんが、メンズのスーツスタイルでは、黒を使ったカラーコーディネートの組み立ては実は難しいのです。

モードとは流行を意味します。スーツを着用するビジネスシーンで流行を追うことは厳禁。ましてや、公務員が相手に対して与える印象で一番仕事の助けになりそうなものは、「信頼できそう」「誠実そう」であり、「流行に乗っていてなんだかすごくカッコいい」という印象よりも優先されるべきです。

ただ、どうしても黒を着たいという人は、リクルートスーツではなくきちんとしたビジネススーツを選びましょう。ネクタイは、明るめの色を避けることでスーツとのコントラストを出さないようにします。これで職場で浮かないコーディネートの完成です。

意外に使えるストライプのスーツ

「ストライプのスーツ」。この単語を出すと公務員の大体の人は、「そんな派手なスーツ、職場で絶対浮いてしまうので着ません」とおっしゃいます。

それは大きな誤解です。ストライプのスーツは、実は着こなしの幅を広げてくれるのです。ＴＰＯに合ったスーツスタイルを作るためのカードが１枚増えたと考えてください。

ストライプは、一見難しそうに見えますがコツをつかめば簡単です。一概にストライプといっても多彩な種類があり、ストライプの線の色や太さが少し変わるだけでも印象がガラリと変化します。ストライプスーツを使ったコーディネートは公務員界隈では黎明期。むしろ積極的に着用してください。

ストライプにはいろいろな種類があり、一般的にストライプが太くなるほどカジュアルな印象を与えます。しかし、質のよい生地を選ぶ、ネクタイやワイシャツの柄や色味を抑えることで、落ち着きのあるコーディネートにできます。

ストライプのスーツは敬遠する理由が何もありません。むしろ、身体の華奢さを気にしている男

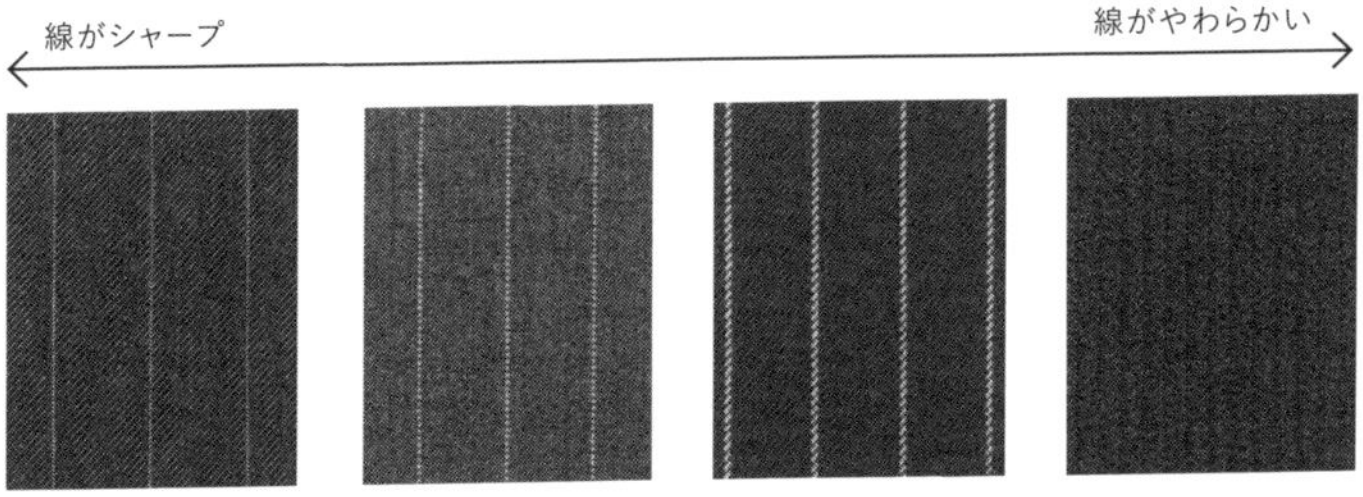

ピンストライプより
はっきり
**ペンシル
ストライプ**

太めの線のストライプで存在感あり。シャツとネクタイをシンプルなものにすれば、おさまりのいいコーディネートに。

控えめだけど
キリッとした印象
**ピン
ストライプ**

ピンの先で引いたような細い線が特徴です。ラインの感覚が狭いものが多く、華やかでシャープな雰囲気が漂います。

秋冬のスーツに
選びたい
**チョーク
ストライプ**

白いチョークで線を引いたような輪郭が少しかすれた線が特徴の、ぬくもりを感じるストライプ。管理職の秋冬の装いに。

ストライプ
ビギナーのための
**シャドー
ストライプ**

光の具合によって見えるストライプです。一見無地にも見える控えめなストライプなので、ストライプ1本目にぜひ。

性には、ストライプのスーツで「盛る」ことで、寂しげな印象を払拭《ふっしょく》することもできます。ストライプが軽薄さを与えてしまう原因は、黒の生地に白のストライプなど、ストライプの色が明るすぎる（濃淡のコントラストが強すぎる）ケースが多いです。ストライプの色はなるべくスーツの色味に近いものを選びましょう。また、スーツのシルエットは細身ではなく、スタンダードなものが好ましいです。

スーツ姿は「パンツの折り目」で決まる

スーツのパンツには縦の折り目が入っているものが多いと思います。この縦の折り目のことをプレスといい、スーツスタイルにマストな要素です。

きちんとプレスの入ったパンツを履くことは、万人受けする印象を全方位に与えなければいけない公務員必須の身だしなみです。朝の出勤前にプレスの入り具合のチェックと、自分１人でパンツのプレスが入れられるようになることが本書の目指すゴールです。

では今からは、どうしてパンツのプレスが大事なのかについて説明します。

●服装の信頼感は「直線」から生み出される

公務員の職場を含むスタンダードなビジネスシーンでは、「曲線」よりも「直線」のほうが尊ばれます。服装を考えるうえでの直線、曲線とは、ネクタイでいえばストライプが直線、ドットやペイズリー柄が曲線にあたるでしょう。女性や子どもの対応や人の話を聞くことが多い職場では、曲線のテイストも一定程度必要ですが、やはりビジネスの基本は直線であり、なかでもパンツの折り目はスーツスタイルで最も目立つ直線です。折り目が取れかけていたりシワがついていたりすると、ネクタイとシャツの合わせ方がいくらよくても台なしです。それほどパンツの縦の折り目には存在感があります。

●足さばきや座ったときの印象にも影響する

美しい折り目が入ったパンツは、歩くときに折り目の部分を軸にして美しく揺れてくれます。庁舎内で市民や同僚とすれ違う回数は意外に多いですよね。その時に相手から見られているのが「歩き方」。パンツの折り目がしっかり入っていると足さばきも端正に見えますが、折り目がガタガタだと歩くときにパンツの裾が揺れず、足にまとわりついて野暮ったさが出てしまいます。このような、歩く姿やすれ違いざまの貧相さの積み重ねが、「公務員はダサい」のイメージを積み上げるのに多大な影響を及ぼしていたことは言うまでもありません。

●最低限の身だしなみの範疇として

今まで再三にわたってパンツの折り目の大切さをお話ししてきましたが、身だしなみの基本に立ち返ると、パンツの折り目がしっかり入っていることは必要最低限の条件です。しかし、折り目の消えかけた「お疲れパンツ」を履いている公務員がたくさんいるのは由々しき事態です。相手に対する敬意を表す最短かつ簡単な方法が身だしなみに気遣うことですので、パンツの折り目をキレイに入れる方法を知っておくことで、同僚よりも身だしなみの点で一歩リードできます。

では、パンツの折り目を美しく保つ方法と復活させる方法を確認してみましょう。余談ですがパンツの折り目の正式名称は「センタークリース」といいます。なんだかサンタクロースと語感が似ていますね。こちらも覚えておきましょう。

さて、スーツの素材が何でできているかというと、ご存じのとおり、ウール（羊毛）

です。ウールは、人間の肌を古来より守ってきた素材の1つで、人間とともに歩んできたなじみのある素材です。一方で、天然由来の素材なので、定期的にケアが必要になってきます。特に湿気にとても弱いので、梅雨の時期や雨に濡れてしまった日はパンツの折り目が消えたり薄くなったりします。同様に、立ったり座ったり走ったりを繰り返しても折り目は消えやすいです。公務員の仕事は意外に庁舎内をアクティブに動き回ることが多いので、気づいたら、うっすらとしか線が残っていないという事態が多発するのです。

●保管するときはスラックスハンガーが鉄則

スーツの上下を同じハンガーにかけている人が多いと思いますが、正しいスラックスの保管方法はスラックス専用のハンガーにかけることです。スーツのジャケットと一緒にかけるタイプのハンガーではなく、裾から吊るタイプのハンガーです。ウールは回復力がある素材なので、重みをかけてあげることで余計なシワを取り自然回復させてあげることが可能です。

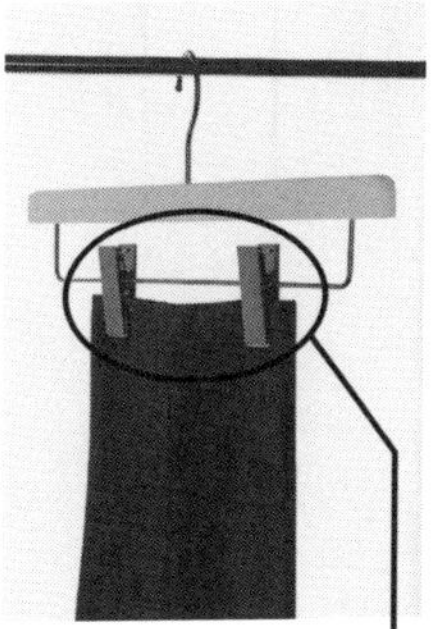

裾から吊るす

●消えかけたセンタークリースはスチームアイロンで蘇る

家庭用のスチームアイロンでもセンタークリースを復活させることができます。あて布（綿のハンカチでも可）を使用して、折り目に沿ってやさしくアイロンをかけましょう。アイロンを強めに当ててしまうと、生地のテカリの原因になるため、スタンプを押すイメージで軽いタッチで当てていくのがポイントです。

●ズボンプレッサーを使ってみる

ビジネスホテルには、部屋や廊下などにズボンプレッサーが置いてあることがあります。使い方は実に簡単で、折り目を付けて挟むだけです。15分から20分くらいすると、きれいな折り目が完成します。

公務員と議員、それぞれが与えるべき「イメージ」の基本とは

イメージコンサルタントとして活動するにあたっての私のコンセプトは「おしゃれ×地域創生」です。

このコンセプトのとおり、公務員や議員、社会起業家などの公共の領域で活動されている方を顧客として抱えています。

ここでは、私が普段用いているイメージコンサルティングのメソッドをご紹介します。公務員から政治家に転身したいという気持ちを抱えている人も必読です！

スーツ離れが著しい昨今ですが、男性のビジネスファッションの基本形は以前と変わらずスーツです。ここでお話しするのは、スーツスタイルの3つのCという考え方です。スーツスタイルの3つのCとは、顧客の職業や生活の背景に応じて、どのように服装をコーディネートしてイメージを作っていくかを示したロードマップです。

・コーポレート（Corporate）
・コミュニケーター（Communicator）
・クリエイター（Creator）

の3種類があります。

それぞれについて詳しく見ていきましょう。

「スーツスタイルの3つのC」

①コーポレートスタイル

組織内で浮かないことを前提としつつも、信頼感や誠実さを前面に打ち出すことをゴールとしたスタイルです。スーツはネイビーやグレーなどのベーシックな色に、ネクタイも落ち着いた色味にするなど、全体の「調和」をベースにコーディネートしていきます。地位の高い人は、素材や質のよいもので差別化します。

②コミュニケータースタイル

コミュニケーターとは「メッセージの伝達者」のことです。自分の話を聞いてもらうためには、耳を傾けてもらうこと、そして自分の顔に注目が集まることがゴールになります。このため、鮮やかなネクタイやポケットチーフなどを挿すことによって、顔周りを華やかにするコーディネートが基本です。

③クリエイタースタイル

「この人ならいいアイデアを持っていそう」と思わせるような、創造性と自信に満ちあふれたスタイルがゴールになります。暗めの色のシャツを着る、あえてネクタイをしないなど、自由で場合によっては少し尖ったコーディネートにします。

さて、皆さんに質問です。このなかで「公務員」と「議員」はどのスタイルに当てはまるでしょうか？

もう大体の人がおわかりのことでしょう。正解は、

・公務員＝「コーポレートスタイル」
・議員＝「コミュニケータースタイル」

です。

この枠から外れたコーディネートを組んでしまうと、相手に違和感を与えてしまいます。

なお、私が普段スタイリングすることが多いのは、圧倒的に「コーポレートスタイル」と「コミュニケータースタイル」です。「クリエイタースタイル」をスタイリングすることはあまりありません。

このクイズは、多くの人が正解を導き出すのですが、実際にその正解をビシッと服装で体現しているのかというと、そこはそうでもないのが現実です。やはりファッションは難しいですね。

公務員の基本のスタイルである「コーポレートスタイ

ル」に話を戻します。

このコーポレートスタイル、一見簡単なようですが実は落とし穴があります。それはただ単に「目立たなければよい」というわけではないことです。服や小物などの身に着けているものから、その人全体の雰囲気に誠実さや信頼感を醸し出すことが、本当のコーポレートスタイルとなります。うーん、難しい。

では、その誠実さや信頼感を出すためにはどんな服装を選べばいいのでしょうか？

それは「立場に相応しいものを着用すること」です。言葉のとおりなのですが、本当にこれに尽きます。立場というのは、自分自身の年齢や役職、そして非常に大事な視点が、接するお客様の社会的立場です。では、所得の低いお客様を担当する人はスーツにもお金をかけてはいけないのかと疑問が生じますが、その場合は、相手よりも「少しだけ」よいものを身に着けることにします。特に若い職員が自分よりも上の年齢の方を相手に対応するとき、とても重要な視点になります。

一方で、議員対応をする管理職はどうでしょうか。そもそも公務員と議員では見せ方のゴールがまったく違います。議員はコミュニケータースタイル、一方で公務員はコーポレートスタイルです。公務員は調和の取れた服装を前提とするので、「議員よりも安価なものを」と考える必要はありません。落ち着きのある高品質のスーツスタイルを構築しましょう。立場が上がれば上がるほど、見た目に気を遣う人の割合も増えていきます。組織のなかで上にいきたい人は絶対におさえておきたい考え方が、スーツスタイルの3つのCなのです。

なかなか聞けないオーダースーツのイロハ

公務員男性から頻繁に耳にするのが、オーダースーツの話です。

自分にぴったりのスーツができるオーダースーツは、年次を問わず、皆さんご興味があるようです。そうですよね、カッコよくスーツを着て仕事したいですもんね。

いろいろな公務員の方のお話を伺うと、やはり自治体の所在地の差がおおいに影響しているようです。都市部の自治体に勤務し、比較的年齢を重ねている方でしたら、すでに実際にオーダーを経験している、もしくは機会があったらオーダーしてみたいという声が多く見受けられます。

一方で、地方に行けば行くほど、近くにスーツの量販店しかないからと、オーダースーツには興味があるけれどチャレンジするのはまずない、という方がそれなりにいらっしゃいます。もしくは、共済などのサービスを使って、少し安くオーダーしている方もいらっしゃいました。

こういう背景も踏まえて私がお話ししたいのは、スーツを着て仕事をしている人であれば、一度はテーラーに行ってオーダーをする体験をしてほしいということです。1回オーダーをすれば、採寸したデータが残り、2回目以降はあまり待たずにぴったりのスーツやシャツを手に入れることができます（ただし、体型が変わったときはもう一度採寸が必要です）。

私もお客様のオーダーに同行するなかで、「敷居が高くて緊張する」とおっしゃっていても、生地選びから採寸が始まると楽しそうにされる方がほとんどで、体験としてもすごく価値のあるものだと感じています。

実際にスーツやシャツをオーダーするとなるとテー

ラーに行くわけですが、ここで重要になってくるのが「テーラー選び」です。オーダーしたスーツにはテーラーごとの特色が反映されるため、事前に調査してからお店を訪ねるのがベターです。ホームページを見て、尖ったデザインなど職場向きではない雰囲気を感じれば、公務員向けのテーラーではない可能性があります。そこはきっと、企業のトップや個人事業主向けのテーラーでしょう。

よさげなテーラーが見つかったら、勇気を出して電話しましょう！　店員さんは丁寧な方が多いので、電話対応から親切です。量販店でのオーダーとの違いは、生地やデザインの幅が広いこと。言うまでもありませんが、テーラーでのオーダーのほうができあがりのスーツの満足度は俄然高くなります。

実際にテーラーを訪ねると、生地を選び（ここで大方の価格が決まります）、スーツのシルエットを選び、フィッターさんによる言われるがままの採寸がなされます。最後に、ボタンや裏地といったディテールを選び、オーダーは終了です。所要時間は1時間くらいです。シャツの場合も同じような手順で進みます。

注意点は、できあがりまでに約3週間くらいかかることです。つまり、次のシーズンのものを作るのが鉄則です。

テーラーではビジネスファッション業界の最先端の情報も入手できる楽しい場所。何よりも、既製品ではなく、自分の体型をもとに作ったスーツは着心地も着ているときのテンションもまったく違います。新しい世界の扉を開ける体験をぜひ！

2 シャツのメソッド

OK!

■サイズが合ったものを着よう
■テッパンの色は白と薄い水色
■シンプル、無地、普通が一番
■柄ものは細かめ・小さめ（無地に見えるものを選ぼう）
■襟型はセミワイドorホリゾンタル

NG!

■ボタンや糸に色がある、ポイントに柄があると幼く見える
■半袖ワイシャツを着てもいいことはない
■シャツの胸ポケットに物を入れない
■レギュラーカラーの襟は難しい

知っておきたいシャツのこと

次はシャツについてです。「ワイシャツ」とよく呼ばれていますが、正式名称は「ドレスシャツ」です。しかし、ドレスシャツだとあまりなじみがありませんので、ここでは「シャツ」と簡易に呼びます。

皆さんは自分のシャツのサイズを知っていますか？

悲しいことに公務員界隈では、自分のシャツのサイズを即答できる人がとても少ない印象です。シャツもスーツと同じく、自分の身長や体重から想定した「なんとなく」の感覚でシャツを選んでしまっていることが原因です。

官民の世界を問わず、スーツを着ないオフィスカジュアルやクールビズが浸透している今、シャツは服装や自分の「見せ方」を考えるうえで大事なアイテムになっています。汗ですぐ汚れるし、毎日洗濯をするため「消耗品」というとらえ方になってしまう気持ちもわかります。しかし、仕事をするうえできちんとした印象を与えたい場合は、シャツを単なる「消耗品」ではなく、「職場の服装で大事な部分を占めるもの」として気を配る必要があります。

自分にぴったりのシャツのサイズを知る

それでは、今着ている自分のシャツが正しいサイズかどうか確認してみましょう。セルフでできるシャツのサイズの確認方法は、次に示す２つのポイントを測るだけです。とっても簡単ですよ。

まず、首回りのサイズの確認の仕方です。シャツの一番上のボタンを留めたとき、襟と首のあいだに指２本分の余裕（タイトなシルエットが好みの人は指１・５本分の余裕）があるものが正しいサイズのシャツです。男性の首回りのサイズは変動が大きいので、こまめに確認しましょう。

次に、首の付け根から手の付け根までの部分「裄丈《ゆきたけ》」のサイズの確認方法です。スーツのジャケットを羽織り、腕を下げた状態で袖口に注目してください。その時、シャツはジャケットから何センチくらい見えていますか？　着ているスーツのデザインに

指2本くらいの余裕があるとジャストサイズ

も左右されますが、シャツが1・5センチくらい見えているのがジャケットの裄丈の適正サイズです。このように細かい部分までこだわる人はなかなかいませんが、不思議なことにこの1・5センチ程度のシャツのチラ見せが、全体のバランスを整えてくれます。公務員の仕事で大事な能力は「バランス感覚」です。服装もバランス重視でいきましょう！

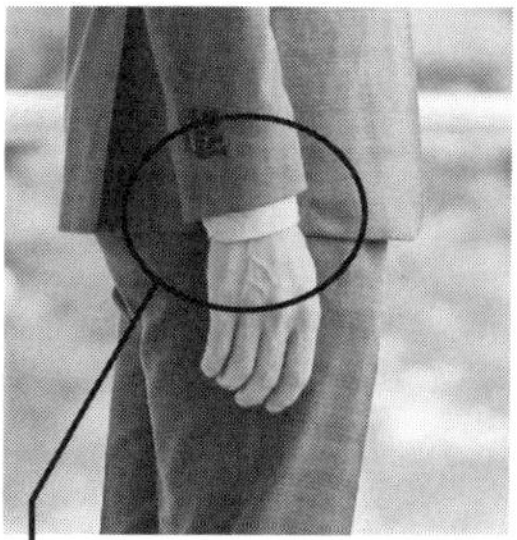

ジャケットの裄丈＝シャツの袖が1.5cmほど見える

シャツのサイズはブランドによってはSやMなどの表記がされている場合がありますが、本当にフィットするシャツは首を一周させた「首周り」と、首の付け根から手の付け根の「裄丈」の2つのサイズがわからないと見つけるのが難しいです。

サイズは自分1人で測ることも可能ですが、ご家族や店員さんに測ってもらうと適正な数字が出ると思います。シャツのサイズを細かく分類しているお店は「○○（首回りの長さ）―○○（裄丈）」という表記で販売しており、1センチごとにさまざまな組み合わせを揃えているので、SやMといった表記のシャツよりも自分の体型にフィットしたシャツを選ぶことができます。

一方で既製品のシャツは標準体型を基準に作られていますが、私たち人間はむしろ標準体型のほうが少ないです。手が長い、胸板が厚い、首が太いなど、それぞれが個性あふれる体型をしています。このため、人によっては既成のシャツだとしっくりこないものでしょう。そういう場合はオーダーです！　オーダーシャツは大体1枚あたり1万円前後から作成することができます。既製品との着心地の違いに驚くはずですので、シルエットにこだわりたい人はやってみる価値大アリです。

シャツを選ぶ際は襟の形もポイントです。襟は、「セミワイド」か「ホリゾンタル」がおすすめです。襟回りがすっきりとし、着る人を選ばないうえ、ネクタイも合わせやすいのです。量販店で一般的がゆえに手に取りがちなのは「レギュラー」ですが、襟にボリュームがあるため、かえって顔周りが貧相に

襟を比べてみよう

セミワイドカラー

ホリゾンタルカラー

ワイドカラー

レギュラーカラー

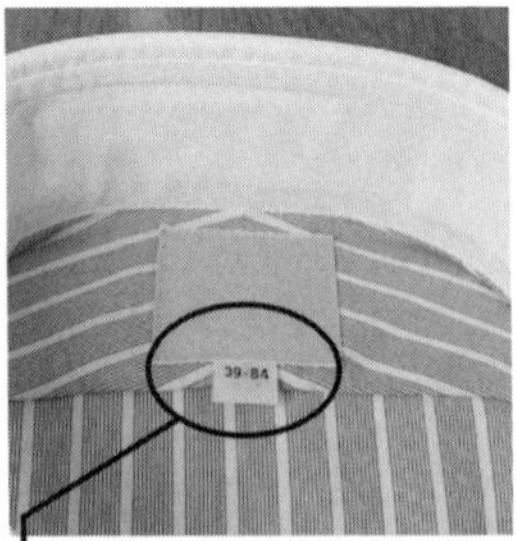

「首回りの太さ−裄丈」のサイズ表示

見えるなど逆効果に働いてしまい、実は難しい襟の形にあたります。

公務員こそ「白シャツ至高」の原則

シャツを買いに行くと、ストライプの太さや色、チェックやカラーシャツなど、仕事に使うシャツも色とりどりのものが増えてきて、スーツのジャケット、ネクタイ、シャツの3つの色味を合わせてコーディネートすることがおしゃれな男性のあいだでは朝の密かな楽しみでもあります。しかし、シャツの色や柄にもそれぞれの格が存在します。

最も格式高いのが無地の白シャツです。首長は白いシャツを着ていることが多いですが、これはオフィシャルな場に行く頻度が高いからです。この「白シャツ至高」の原則は首長だけでなく公務員の皆さんも取り入れてみてください。首長が絡む会議や市民向けの説明会などでは、カラーシャツや柄入りのシャツではなくシンプルな白いシャツで敬意を示しましょう。

白シャツの次に格が高いのが、薄い水色（サックスブルー）の無地のシャツです。爽やかな印象になるので、夏場の会議にはもってこいです。クールビズ期間の白シャツ1枚のコーディネートに自信がない人は薄い水色シャツを基軸に服装を考えましょう。

他にも、白や薄い水色以外の無地やストライプ、チェックなど、シャツにはいろいろな柄があります。柄1つとっても「見え方」や「与える印象」がまったく違うので、それぞれどのように見えるかを理解しておきましょう。シャツはスーツと同じく、何も柄の入っていない無地は、どこにでも着ていける「きちんとしたシャツ」です。前述のとおり、無地でも白または薄い水色のシャツはビジネスでのシャツスタイルにおいて特に格式高く、この2色だけでも3着から4着くらい持っておくのが理想です。

また、胸板の厚い人や筋肉質な上半身の人は、無地のシャツを着るとスッキリ見えます。逆に上半身が華奢な人は、無地でも「織り」が入っているシャツを着ると体の薄さが目立ちません。

上半身の寂しさを解消するストライプのシャツ

次に代表的なのがストライプのシャツです。ストライプのシャツが与える印象は、ストライプが細ければ細いほどフォーマル、太くなるとカジュアルな印象を与えます。

同時にストライプの色も大事な役割を果たします。青などの冷たい色のストライプは爽やかで知的な印象に見え、これに対して茶色などの暖かい色のストライプは、大人っぽくやさしい印象になります。本書執筆時（２０２１年）は、スーツにも茶系のコーディネートがトレンドとなり、おしゃれな人はスーツスタイルに茶色を上手に取り入れています。特に茶系のシャツはネイビーのスーツとも合わせやすく、おしゃれさときちんと感のどちらも取り入れることができる魔法の色です。公務員の皆さんにもチャレンジしてほしい色です。

ストライプのシャツは基本的にどんな体型の人にもマッチします。特に肉づきが気になっている人、縦のラインが入るため細見え効果も期待できますよ！

女性が多い職場にはチェックのシャツ

次は、チェック柄のシャツです。大きなチェック（ウィンドウペンチェック）や小さいチェック（ギンガムチェック）など、チェックにさまざまな柄がありますが、ビジネスシーンでのチェックシャツは、無地、ストライプと比較するとカジュアルな位置づけになります。このため、チェックのシャツを着たい日は、念のためその日のスケジュールを確認しておきましょう。裏を返せば、チェックはカジュアルな印象を与えるからこそ、オフィスカジュアルが浸透している自治体の職場ではチェックの効果が発揮することもあります。チェック柄はかわいらしい印象も与えてくれるため、女性の多い内勤職場では実はキラーカードです。女性に囲まれて庁内での調整業務を行っている男性陣のワードローブにはぜひチェック柄のシャツを追加してください。

さて、このチェックのシャツですが、どんな人に似合うかはチェックの形状によって異なります。大きめのチェックは中肉中背さん、小さめのチェックは線が細めの人が似合います。肉づきのいい人はチェックは避けましょう。チェックには横のラインが入っているため、横幅を強調する結果になります。チェックを着こなすためにはまずは身体づくりからです。

シャツのポケット、「ボールペンのおうち」にしない

「あ、自分だ!」とドキッとした人も多いかもしれません。

シャツのポケットがボールペンの〝おうち〟になっているスタイルは、公務員ファッションあるあるです。打ち合わせ中に素早くメモをすることを求められるシーンが多い公務員男性。まるで一種の戦闘モードを示すかのように、彼らのシャツのポケットには、ボールペンの頭がちょこんと出ています。それだけにとどまらずボールペンのインクがついたシャツを着て仕事をしてしまっている猛者まで……。シャツについたインクから、多忙な業務に勤しんでいることが窺えます。議員対応や幹部レクでさえも染み付きシャツで堂々と乗り込んでいくその姿勢は、ある意味尊敬に値します。

しかし、そもそもシャツとは、胸ポケットなしがグローバルスタンダードです。クラシカルなスーツはスリーピーススタイル（ジャケット＋ベスト＋パンツ）であり、ベストにポケットがあるからです。シャツのポケットは、スーツに機能性を追求するようになったアメリカで誕生しました。加えて、欧米におけるシャツは「下着」の役割を担っており、欧米人はジャケットを脱いでシャツ1枚になることはあまりありません。

シャツの下に下着の着用がマナーとされているのは、高温多湿な日本だけであり、普通に考えて下着にポケットをつけることはありえません。ということは、誰に見られても恥ずかしくないシャツスタイルは、ポケットなしのシャツの存在が不可欠です。しかし、そういう歴史的背景のことなどつゆ知らず、ボールペン1本にとどまらず蛍光ペンや定規、ガチャ玉を出す文房具まで……と、机の上にある普段遣いの文房具を全部ポケットに入れて仕事をする人がたくさんいるのは役所だけです。

スーツのパンツのポケットに物が入っているとシルエットが崩れて見映えが悪いように、シャツのポケットに物を入れている人もだらしない印象です。ポケットにインクが染みていたらもう民間では失格レベルです。周囲の人から「なんかいいね！」と思ってもらえるスーツスタイルは、シャツのポケットに何も入れないところからがスタートです。

もし、未使用のシャツがあったら思い切ってポケットを取ってみてください。ポケットなしのシャツもいいかも、と思うはずです。

ボタンダウンシャツはＴＰＯで選ぶ

所持率が高いのが、襟の先端がボタンで留められているボタンダウンシャツです。顔まわりが華やかになるため、夏場に活用されている方が多いのではないでしょうか。他のシャツと比べて色味もバリエーションがあり、選ぶのも楽しいですよね。

しかし、このボタンダウンシャツには落とし穴があります。それは、ビジネスでのシャツのなかではかなりカジュアルな仕様に分類されるということです。

そもそもボタンダウンシャツは、ポロという馬術競技の際に襟の先端がパタパタしないようにボタンで留められたのが起源です。このため、襟の先端のボタンの存在により、首元が少し華やかになるからといって、夏場の式典や公式な場で着用したり、ネクタイを合わせたりすると、ファッションや着こなしにこだわりのある人にとってはチグハグに見えてしまいます。

最近のビジネスファッションの多様化から気にしない人も多いですが、「ボタンダウンシャツ＋ネクタイ」の組み合わせを気にされる年配の方もいます。私が、イメージコンサルタントになったばかりのころ、年配の方にボタンダウンシャツとタイを合わせたコーディネートを提案したところ指摘を受けた経験があります。ボタンダウンシャツとネクタイを合わせるときは、かかわる年齢層や職業を考慮したほうがいいでしょう。

とはいうものの、ノーネクタイのときのシンプルなボタンダウンシャツとスーツの

スーツ
シャツ
ネクタイ
小物
クールビズ

ジャケットのコーディネートは、シャツとジャケットのサイズがぴったりと合えばという条件付きではありますが、爽やかでかっこいいものです。

滋賀県長浜市や長野県松本市、千葉県松戸市などのノーネクタイ通年化を掲げる自治体が増えてきた背景もあり、これからの公務員男性のクローゼットにボタンダウンシャツは欠かせない存在となりそうです。

着用シーンを正しく理解して着ると、「ファッションをわかっている人」をアピールすることができますので、状況に応じてスマートに着こなしましょう。

3 ネクタイのメソッド

OK!

■ネクタイは、無地、ストライプ柄、小紋柄が基本の3本

■結び目に気を配るだけで、顔まわりに立体感と「華」が出る

■小紋柄orドット（水玉）柄はやわらかい印象を出せる

■公務員人気の青のストライプ柄は「ここぞ」のときにすると効果的

NG!

■お客様対応が多い部署は寒色系の色を避けよう

■議員対応の際は、議員がつけるヴィヴィッドカラーは避けよう

■ネクタイの長さをちぐはぐにしない

■ネクタイの結び目をぺたんとさせない

■毛羽立ったネクタイは捨てよう（ネクタイは消耗品）

ネクタイは「顔の次に目が行く場所」

男性のスーツスタイルを一気に華やかにするネクタイですが、皆さんはネクタイに関するこんな名言を知っていますか？

「ネクタイはそれを締めている人よりも一歩先に部屋に入ってくる」（サー・ハーディー・エイミス）

イギリスの高級ブランドのデザイナーであるハーディー・エイミス氏の言葉です。この言葉のとおり、顔のすぐ下に位置するネクタイは仕事での印象を左右する大事なカギになります。派手なネクタイは「ＴＰＯがわからない人」というレッテルを貼られてしまうえ、結び目に汚れのあるネクタイは「身だしなみに気を使えない人」と見なされてしまいます。

このようにネクタイは、顔の次に目が行き、人の印象を大きく左右する存在であるからこそ、それぞれの立場や状況にぴったり合った1本を選ぶのはとても重要である反面、とても難しいのです。そのうえ、メンズファッション誌では、「Vゾーンは個性！」などと謳われています。それゆえ公務員の皆さんは、「そもそも公務員って個性出したらダメだよね……俺らのネクタイ選びって一体……」と、一種の諦めに似た気持ちを抱きながら、何も考えずに無難なネクタイを手に取る人が多いように見受けられます。公務員のネクタイ選びの問題点として、多くの公務員がネクタイ選びに苦手意識を持っていて、目立たない、浮かないことを最優先にネクタイを選んでいます。

持ち前の真面目さがそうさせてしまうのですが、この気持ちを抱えながら仕事をするのはどこか悲しくありませんか？　ネクタイは、スーツスタイルのなかで特に彩度（鮮やかさ）が高い部分です。選ぶにあたって少しのコツを知れば、周囲に調和しつつも自分の個性も乗せることができます。あなた「らしさ」を出す絶好のポイントがネクタイなのです。

それゆえ、ネクタイが事件のきっかけとなることも。たまにあるのが、公務員の世界で数少ない（失礼）おしゃれすぎる人が引き起こす事件です。スーツ姿にこだわり、身に着けるものの質にこだわった結果、色柄が派手なインポートもののネクタイを締めてきてしまい、議員や市民からいわれのない嫌疑をかけられることが発生します。

また、最近のクールビズ拡大の影響で、ネクタイを締める機会は以前よりも格段に少なくなりました。万が一を考えて、ロッカーや机にネクタイは置いてありますよね。しかし、その置いてあるだけのネクタイも、月日の経過とともに劣化します。引き出しのなかにポイッと入れるのではなく、ベストはロッカーのなかに吊るして保管する方法です。この方法は、平置きや丸めて保管するよりも生地へのダメージが少ないため、本書を読んだ次の日からは、①職場に置きネクタイを常備すること、②ハンガーにかけて保管することを忘れないでくださいね。

なぜ公務員は青のストライプのネクタイが多いのか

私はイメージコンサルタントとして、その人の仕事や人生そのものがうまくいくように、それぞれのシーンに合わせた服装選びを提案しています。お客様に提案する前段として、そのワードローブにどんな服や小物があるかを聞き取るという過程が欠かせません。その際に実感するのは、公務員のネクタイの色は圧倒的に「青」、そして柄は「ストライプ」が多いということです。

都庁職員時代も、周囲の男性陣は青のストライプのネクタイをしていたことが多かったな、と思い返されます。公務員の服装で欠かすことができない「浮かない」「調和」の観点では青は最も適した色です。

しかし、クールなイメージを与えやすい寒色系と直線的なストライプの組み合わせは、冷たく事務的な印象を与えることがあります。ネクタイの色柄で、その人が与える印象は驚くほど変わります。

一方で、よほど好きな色ではない限り、毎日同じ色ではつまらないものです。週の半分以上で青のネクタイを締めている人は、ぜひ違う色にも挑戦してみましょう。同じ青でも暗めの青は知的な印象になり、明るめの青はふんわりやさしい印象になります。たとえばストライプ。ビジネスで使える汎用性の高い柄ですが、ストライプのネクタイはカタいイメージになりやすく、部署によってはもっと映えるネクタイの柄があります。

たとえば女性への対応が多い保育課では、ドットや小紋柄などの少し曲線的な柄を使ってみてもＯＫです。青のストライプのネクタイは、予算要求や議会対応などの知的でデキる印象を与えたいときに取っておきましょう。

繰り返しますが、ネクタイはスーツスタイルで自分の個性を乗っけられる数少ない場所です。１００点満点のＶゾーンは見ている人の心をウキウキさせます。

しかし、センスが試されるうえ、朝の準備時間が大きく反映されるアイテムでもあり、毎朝ネクタイを選ぶのが楽しいという人もいれば、選ぶのが面倒という人もいます。悲しいかな、公務員の場合は大体が後者です。

そこには、自分のファッションセンスに自信がないのみならず、仕事が憂うつ、朝が苦手などのいろいろな理由がありますが、ネクタイは気持ちを仕事モードに切り替える大事なスイッチです。どんよりとした気持ちでネクタイを締めてもその日の仕事はうまくいきません。ネクタイを締めるときくらい、鏡のなかの自分を「今日もなかなかイケてるじゃないか」と褒めてあげることも大事ですよ。

適切なネクタイの長さを知る

肌寒くなってきた秋。そろそろネクタイを締めて出勤しないとなあ……。でもいざ締めてみると何だか長さが合わないしっくりこない！　そういえば自分のネクタイの長さは人と違うような気がする。結び方、確認しないとなあ、でも面倒だなあ、あっ！　もう行かないと……。

これはクールビズの期間が終わった次の日、ネクタイを再び締めた初日に多く見られる現象です。「ネクタイの長さは気になるけれど、わざわざそんなことに時間を割けるほど暇じゃない」、これが多くの公務員男性のリアルな声ではないでしょうか。

ネクタイの正しい長さは「ベルトの幅の半分にかかる長さ」です。これ以上長いとだらしない雰囲気になり、短いと全身のバランスが崩れて一気に野暮さが増します。ほんの数センチの長さながら、ネクタイこそ侮れません。怖いですね。特に執務室内ではジャケットを脱いで仕事をしている人が多いので、長さがおかしいネクタイをしていると目立ちます。繰り返しますが、ネクタイは服装のアクセントになるアイテム。秋口に見られる「なんかダサい人」の原因はネクタイの長さである可能性が高いです。

そんな全身のバランサーであるネクタイをカッコよく、かつ、ビシッと身に着けるためにはどうすればいいのでしょうか？

まずポイントになるのが結び方です。

ネクタイには基本の３種類の結び方があり、それぞれに特徴があります。

これら３種類のネクタイの巻き方をマスターしましょう。

次に気をつけるべきは、「ネクタイを少しだけ浮かせること」。ぺたんこのネクタイだと地味で疲れたように見えてしまい、「公務員＝ダサい」

ネクタイの結び方、基本の３種

ダブルノット

プレーンノットをさらに一巻きした結び方。縦に長い結び目ができるのが特徴で、インポートなどの長めのネクタイを調整するときにも使える巻き方です。結び目が大きく華やかな印象になるため、シックな色味のネクタイだとちょうどいい加減になります。

セミウィンザーノット

イギリス由来の結び方で、プレーンノットよりも手が込んだVゾーンに仕上がります。結び目がきれいな三角形になるため、今流行のセミワイドカラーやホリゾンタルカラーのシャツと相性よし。勝負をかける日に。

プレーンノット

ネクタイを1周くるっとさせて表に出す面を結び目のなかに入れる結び方。皆さんに一番身近なのかもしれません。結び目が小さくなるため、首元をスマートに見せることができます。レギュラーカラーのシャツを着るならこの結び方で。

のステレオタイプを助長させます。ネクタイをシャツから浮かせることでVゾーンが立体的になり、顔まわりが華やかに。ぜひ取り入れてみましょう。

新採さんも怖くない、窓口対応向けのネクタイ選び

ノーネクタイが浸透しつつも、やはりネクタイ選びのポイントは気になるものです。特にこれから公務員になる方や若手の職員にとっては、どんなネクタイを選べばいいのかよくわからないことでしょう。多くの人も、時間のない出勤時には無難なものを手に取ってとってしまいがちなのだと思います。

今からは、主に窓口などの市民対応部署で若い職員に役立つネクタイ選びのポイントをお伝えします。

私は多くの若手職員や公務員内定者に服装について話をするとき、まず最初にお伝えしていることは「ネクタイは消耗品である」ということです。コーディネートのなかでネクタイが占める面積は小さいですが、仕事のシーンで「この人はどのような人なのか」といった人の印象の判断基準にネクタイが占める割合は侮れません。

このため、使い古したネクタイは容赦なく捨てましょう。お気に入りの柄であっても剣先が綻んできたり、表面が毛羽立っていたり、結び目が黒ずんできたりしたら替えどきです。特に4月の入庁時は、就職活動中に苦楽を共にしたネクタイをそのまま使っている新採さんの姿が目立ちます。入庁してしばらくするとノーネクタイの時期に突入し、特に買い足す必要がないだろうとそのまま使っているようですが、第一印象の構築にあたって、ネクタイは身だしなみに劣らず大事なパーツです。入庁前の時間があるときに一新してしまいましょう。

若手職員が数多く配属されるであろう窓口業務は日々さまざまな市民と接する、自治体の顔というべき職場です。ハキハキと印象のよい対応は、お客様に気持ちよく帰っていただくと同時に、役所のイメージアップにもつながります。では、窓口業務に従事している職員はどのようなネクタイがぴったりなのでしょうか。

①結び方編

今は大剣（ブレイド：ネクタイ幅の太いほうの剣先）と小剣（スモールチップ：ネクタイ幅の細いほうの剣先）をずらしてみたり、ゆるっと結んだりするのがトレンドですが、役所の窓口を訪れる人たちの理由や年齢層を考慮すると、窓口の場合はトレンドを追わないほうが賢明です。ネクタイの結び方のトレンドは一歩間違えるとだらしなく見えるうえ、一定の年齢層にしか理解されないことがほとんどのため、正統派の結び方がベストです。窓口での服装を考えるにあたっては基本的に年配の方に照準を定めます。

②色味編

色味は窓口に訪れる人の属性次第ですが、基本的には、単色の真っ赤やオレンジ色といった議員が答弁するときに締めているような色や、インポートものの派手な柄を避ければ大丈夫です。必須の2色を挙げると、暗めのワインレッドや秋冬のネクタイに多いテラコッタなど主張の少ない赤と青です（若手の方はP55を参照）。色には赤などの暖色と青などの寒色があり、それぞれ相手に与えるイメージが異なります。色彩学的な視点でいうと、赤は飛び出て見えて、青は引っ込んで見えます。膨張色と収縮色ですね。積極的な印象を与える赤はアクティブに仕事と向き合う様子に見えるのに対して、青は平静的な印象を与える青は落ち着いた様子に見えます。自分がその日どう見せたいかによって使い分けをするといいでしょう。

③柄編

ネクタイの柄のなかでも最もベーシックな3種類は「無地」「ストライプ」「小紋柄」です。これらの柄を選べば、「派手」「勘違い」といった悪い印象を与えることはまずありません。また、たまに犬や猫などのキャラもののネクタイをする人もいます。個人的には、キャラもののネクタイをしていると会話のネタを提供されたと思って少しうれしくなるのですが、状況と様子を見て判断しましょう。まずは正統派の無地、ザ・お仕事スタイルなストライプ、表情がやわらかに見える小紋柄のタイを選ぶのが正解です。

小紋柄

ストライプ

無地

4 小物のメソッド

OK!

■靴下の色は黒か紺が定番
■靴下の長さはロングホーズ（ひざ下丈）
■無地のスーツ×アーガイルチェック柄の靴下でカジュアルダウン
■小物は濃いめのブラウンを選べば間違いない
■ベルトと靴は色を揃えて、一度にセットで買う
■サスペンダーはおなか周りの悩みを解消するうえ、おしゃれ見えする

NG!

■ショート丈の靴下やくるぶし丈のスポーツソックスはもってのほか（座ったときに素肌が見えるのはマナー違反）
■全身のコーディネートで色の数が多い
■ベルトと靴の色がちぐはぐ

全身のバランサー、靴下と小物選び

これまでスーツ、シャツ、ネクタイについて説明してきましたが、スーツスタイルにおける小物は全身の引き締め役としてとても大事な働きをしてくれます。たとえるならば、ワードで書類を作成するときに入れるインデント。あのインデント的な役割を果たすのが小物です。小物という細部にまで気を使うことで、ようやく着こなしが完成するのです。

靴下は「調和」役、バランスを崩さない靴下選びのコツ

まず、かなりの人が手を抜きがちなのが靴下。ビジネスシーンでは、座ったときに素肌が見えるのはマナー違反とされています。そこで靴下の長さは、ロングホース（ひざ下丈）が基本です。手抜きの代表的な例として、学生気分が抜けていない新採さんがくるぶしまでのスポーツソックスを履いてきたり、身なりに気を使わない中堅職員が毛玉の目立つ靴下を履いてきたり、ひどい場合はかかとの生地がすり減っていたり、という

現象が多く見られます。靴下くらい手を抜いても目立たないだろうという思惑からなのでしょうか。

しかし、ちょっと待ってください。ただでさえデスクワークの多い公務員の仕事、あなたは勤務時間中、何時間くらい座っていますか？　そして座っている自分の足元を見てみてください。パンツの裾がずり上がることで靴下がすごく目立っていることに気づくのではないでしょうか？　他人からは丸見えです。公務員という仕事柄、靴下選びはなおのこと慎重に行うべきなのです。

では、仕事にはどのような靴下が最適なのでしょうか。

色は「黒または紺」が正解です（市民の自宅訪問があるなど、業務によっては白いきれいな靴下が好ましい場合もあります）。靴下は、スーツの色もしくは靴の色に合わせるのが王道の組み立て方で、ネイビーやチャコールグレーといった誰しもが持っているスーツのときは黒や紺の靴下を履いてください。上級者なら、無地のスーツのときはアーガイルチェックなどの柄が入った靴下を履いて、チラ見せのおしゃれを楽しみましょう。

靴下を選ぶにあたって次に着目したいのが機能性です。座敷で靴を脱ぐ機会が多い日本の生活様式に合わせて、抗菌・防臭機能は当たり前のようにどのビジネスソックスにもありますが、値段によって効果はまちまちです。お気に入りのブランドが見つかると靴下選びも楽しくなるので、いろいろ履き比べてみましょう。

一流公務員は靴で語る

「ファッションは足元から」という言葉があります。

この言葉はまさにそのとおりで、どんなにすてきな服を着ても、靴がＴＰＯに適していなかったり、傷みが目立つ靴を履いていたりするだけで印象はダウンします。実際に採用試験や昇任試験で面接官をされたことがある人はわかるでしょうが、面接を受けに来た人の靴が汚れていないか、どんな靴を履いているかと、無意識のうちに足元をじーっと眺めてしまった経験はありませんか。このように靴選びはある意味、スーツ選びよりも大事です。

管理職や管理職志望者に限らず、靴選びはそれなりにこだわってください。顔から最も遠い場所にある靴は、忙しくしていると目をかけ忘れがちですが、そういう状況だからこそ手入れの行き届いた靴を履いていると、「細かい部分まで気が利く＝仕事が丁寧」とみなされます。

公務員の世界は「気づく人」が重用される節があります。特に入庁数年までの若手職員は起案をはじめとした文書の作成や議会答弁の参考資料作成などで、「細かいところに気がつく能力」を先輩や上司から徹底的に鍛えられます。そのようななかで靴をはじめとした自分の身に着けているものにまで気を配ることは、仕事を正確に遂行するうえでの能力の向上につながると私は考えます。

優秀な公務員は靴にまで気を使えて当然です。このような理由から、自分は細かいところに気がつくのが苦手で公務員に向いていないかもしれないと感じた人は、「気づくこと」を習慣にするためにも、自分の靴に目を向けることから始めてみるといいかもしれません。

職場のサンダル、どのゾーンまでOK？

目がチカチカして頭が痛くなる事務作業、思考を中断される上司からの呼びかけ、がんばる公務員男性にとって執務室は戦場。なかでも自分のデスクのある島での雑談があまり盛り上がらない環境で仕事をしている人は、リラックスできる時間や場所を探すのは大変です。だからせめて足元だけは革靴を脱いでサンダルを履いてもいいよね、という気持ちになるのも致し方ありません。

しかし、この職場でのサンダル姿、周りで働く女性職員や来庁者にはすこぶる評判が悪いという側面も知っておかねばなりません。都庁職員時代、実際に「職場でサンダルを履いてウロウロするな」という意味合いの注意が全庁的になされたこともありました。しかし、これからの時代は働く服装も多様化する時代ということもあり、年から年中革靴を履いていてくださいとは私は決して言いません。仕事でのストレスが溜まる職場であればあるほど、力んだ自分を解放する場所を服装に求める姿勢も尊重すべきだと思いますし、個人的にはオフィスでサンダルを履いていいと思う派です。

気をつけてほしいのが、「どんなサンダルを履くか」と「どこまでサンダルを履いていいのか」。この2点に注意すれば、快適なサンダルライフが待っているはずです。

1点目は、どんなサンダルを履くのかです。最優先事項は色とデザインです。色は黒か紺を選びましょう。職場でのサンダルは相手に「見せる」ためのものではないため、靴下と同じ色を選ぶのがポイントです。また、ＴＰＯに則ったデザインであることも大事です。便所サンダルのようにつま先が出ていたり、足の甲の部分に穴が開いていたり（最近は穴が開いていないものもあります）、キャラクターの足のようにボリュームのあるデザインはやめましょう。

私は、最近はAmojiというブランドのものをお客様におすすめすることが多いです。クロックスよりもすっきりしたデザインで、なおかつ通気性もいいので長時間履いて臭いがこびりつくこともありません。

2点目は、サンダルをどこまで履いていいのかです。基本的に自分の執務室内はＯＫ、しかし執務室での来客対応時はビジネスシューズには履き替えましょう。急な来客時に備えて、ビジネスシューズはロッカーではなく机の下に置いておくのがおすすめです。

小物はクラス感あふれるブラウンにする

スーツスタイルの要として全体を引き締める役割をするのが、靴やベルトなどの小物です。

あれれ、もしかして靴やベルトにこだわるなんて気どっていると思っていませんか？　全然違いますよ！　靴やベルトについて最低限の知識を得るのが大人のたしなみというものです。

公務員の方には、ブラウンがいちおしです。小物遣いにはセンスは必要ありません。あくまでも理論の範囲内でなんとかなり、簡単にクラス感あふれるスーツスタイルが完成します。仕事やプライベートでたくさんの公務員の方と話していると、ブラウン系の靴やベルトに対して謎の抵抗感を持っているようです。「自分にブラウンだなんてとんでもない！」とは、公務員のお客様のショッピング同行でブラウンのベルトや靴をすすめるたびに何度も言われてきた言葉ですが、ブラウン小物こそスーツスタイルを格上げし、コーディネートの幅を広げるための処方箋でもあるのです。

ひとくちにブラウンといっても、明るいブラウンから焦げ茶までさまざまあり、それぞれの色味によって与える印象も異なります。このため、ブラウン＝派手になる、とはなりません。

では、これまで黒の靴ばかり買っていた人はどのようなブラウンを選べばいいのでしょうか。ブラウン小物初心者が選択すべきは「暗めの茶色（焦げ茶）」です。黒が焦げ茶に変わるだけで、上品でクラシカルな雰囲気になります。特にネイビーのスーツ＋焦げ茶の靴のコーディネートは快活さが増す色遣いです。いつもの靴を茶色に変えるだけなので、ぜひ挑戦してみてください。

ベルトと靴は「セット買い」する

調和の取れたスーツスタイルを実現するための必須条件に、「ベルトと靴（欲を言えば鞄も）の色は揃える」があります。

靴が黒いのにベルトが焦げ茶だと、いくら高価なスーツを着ていても、見る人は「ん？ なんかおかしいぞ？」と違和感を覚えます。私が公務員のお客様の服装を考えるうえで最も大事にしていることは調和が取れた服装ですが、小物の色が違うだけでその調和はドカドカと音を立てて崩れてしまいます。原因は色数の多さです。色数を抑えると全身がぐっとまとまります。そう考えてみると、スーツスタイルで最も重要なのは小物遣いなのかもしれませんね。

では、公務員の服装で重要な「調和」を実現するための簡単な買い物の方法として私がおすすめしているのが「靴とベルトは同時に買う」です。

靴とベルトの売り場はすぐ近くにあるものです。このため、双方に近い色味を選んで購入することができます。今まで靴とベルトを同時に買う習慣がなかった人は、おそらくどちらかを買うときに自分の持っている靴やベルトがどんな色だったかをあまり考えずに買っていたのだと思います。それでは、小物で全体を引き締めるスタイリッシュなスーツスタイルはいつまで経っても実現しません。

念押ししますが、セット買いした靴とベルトは、必ずセットで使ってください。

小物のダークホース「サスペンダー」に挑戦しよう

公務員はほとんどがベルト族ですが、個人的におすすめしたい小物がサスペンダーです。サスペンダーは、特にベルトが嫌いな人にはもってこいのアイテムです。私が都職員のときは、1人だけオシャレな管理職がしていました。

難易度が高く感じますが、このサスペンダー、意外に快適です。パンツをサスペンダーで吊るして留めるためウエストに余裕が生まれ、食べ過ぎたときのおなかの苦しさから解放されます。そして、ベルトだとなかなかキレイに出せないパンツのプレスも、サスペンダーで上から吊るすことによって美しくまっすぐに見える効果があります。しかもスーツスタイルの歴史上、ベルトよりも格式がある「正装」扱いになります。

このように実はメリットだらけ。おなか周りの悩みから自由になりたい人は、その快適さにやみつきになること請け合いです。ジャケットを脱ぐ機会が少ない寒い季節は、サスペンダーをつけていることなんて周りからわかりませんから、気軽に取り入れられます。

窓口業務のお悩みNo.1、公務員の「時計」の最適解

セミナーや講演での質疑応答で多いお悩みが時計です。

とりわけ市民対応が多い業務を担当する男性職員からで、「ハイブランドの時計が市民からのクレームになった」という話まで……。大変だなあと思いますが、それも踏まえて気を使わなければいけないのが役所の難しいところです。このような背景があるためか、「どんな時計をすればいいのか」は、皆さんがかなり気にしているテーマのようです。

特に窓口業務は、上半身だけがお客様から見えた状態で、書類を指し示しながら説明をすることが多く、相手の視線がばっちり手元にいきます。よって、自然と時計も見られます。

よほどお客さんから指摘されるのでしょうか、「時計にはどのあたりまでお金をかければいいの？」「どのあたりのブランドであればＯＫなの？」といった具体的な質問を受けることもしばしば。

正直に言うと、公務員がすべき時計について、「このブランドであれば大丈夫」という正解はありません。強いて言うならば、国産の代表的なブランドの時計であれば、誰からも文句は出にくい、でしょうか。マナー研修などでよく言われることですが、結局は、相手に不快感を与えないものに終始し、何を身に着けるかは個人の裁量になります。しかしながら、今からは公務員の仕事の背景と業務内容を汲み取りながら、相手に与える印象の傾向を踏まえた時計選びについて深掘りしてみたいと思います。

1つ目のポイントは、時計の価格は、服装と同じく、年次に応じて上げていくのがベストであるということです。本書でも何度もお伝えしている月並みなポイントで

すが、やはり、相手に対して不快感を与えずに信頼できる印象を与える方法は年齢に見合っていることなのです。これは、公務員に限りません。社会人の基本的なアイテム選びはこの発想がベースとなっています。

2つ目のポイントは、時計をコーディネートのポイントにしないことです。時計で主張するのはNGです。時計がメインのコーディネートは休日に楽しみましょう。

時計はあくまでも「控えめに手元に鎮座する」もの。新採さんがつけてしまいがちな無駄にゴツい時計もNGです。マナー云々の観点ではなく、見た目がかっこ悪いうえ、スーツともマッチしません。また、仕事以外の部分でクレームにつながりかねない要素を与えながら仕事をすることは、とてもリスキーです。

一方で、課長級や部長級といった管理職の場合は、見た目に一定程度の威厳が必要です。むしろ、比較的よい時計を身に着けることを私はおすすめしています。たとえば、経営者層の高級腕時計の代表格であるロレックスは、価格があまり変動しない時計であり、従業員の給料が支払えなくなったときの最後の砦として、自分への戒めとして身に着けるジンクスがあります。公務員がロレックスを選ぶのは個人の自由ですが、時計自体にこのようなストーリーがあることを考えると、公務員×ロレックスの組み合わせは世間一般に受け入れられるのは少し難しそうだ、と納得できますね。

さて次は、時計から感じ取れる手元の印象についてです。

立場に相応しく、なおかつ自分に似合う時計はどのような基準で選べばいいのでしょうか？

なかでもよくある質問は、「ベルトは金属と革のどっちがいいの？」。相手に与える印象の観点から考えると、金属ベルトはカジュアルな印象に、革ベルトはクラシカル（古典的）な印象を与えます。どちらがスーツスタイルにしっくりくるのかというと、実は革のベルトです。

特にスリーピースやダブルといったデザインのスーツには、革のベルトの時計のほうが断然ハマります。

革のベルトは水に弱い点、手入れの必要がある点、定期的に交換が必要な点があり、時計好きな人やマメな人以外にはやや面倒かもしれません。しかし、手入れされた革は「落ち着いた、威厳ある」手元を演出するため、そのような印象をプラスしたい方には最適です。

では、金属ベルトはどうでしょう。最近は金属ベルトをしている人のほうが圧倒的に多いようです。

金属のベルトはスポーティーな印象になり、ノーネクタイやカジュアルスタイルの服装にマッチします。「爽やかで明るい」手元になります。金属ベルトは、ゴールドとシルバー、どちらの色を選ぶのかも重要な視点です。パーソナルカラーの考え方に基づくと、肌の色が黄色味を帯びた人はゴールド、赤みを帯びた人はシルバーのベルトが調和します。

さらにディテールの話をすると、文字盤の形でも手元のイメージは変わります。通常は丸い文字盤ですが、四角い文字盤ならベルトのほうが引き立つため、おしゃれな印象になります。文字盤の色もさまざまですが、男性のビジネスシーンでは白、黒、青の３色がメインです。白は清潔でやさしい印象に、青は爽やかな印象に、黒は知的でカッコいい印象になります。

以上のとおり、相手に与えたい手元の印象別に、ベルトや文字盤の形、文字盤の色を組み合わせて、仕事用の時計を探してみるのも１つの手です。公務員は手元の印象が重要な職業でもあるので、自分の仕事の観点から見ても、どんな時計をするかは非常に重要なのです。

5 クールビズのメソッド

OK!

■基本は夏も長袖シャツ。袖を七分まで折れば、涼しい＆すっきり＆こなれ感が出る

■半袖を着るならポロシャツ一択

■ラベンダーや華美でないピンクのシャツも変化が出るうえ、合わせやすい

■ジャケットの胸元に白いポケットチーフを挿すと上品に引き締まる

NG!

■やっぱり、半袖ワイシャツはいいことない

■シャツの襟元から下着がチラリ…

■脇汗をかきやすい人は濃いグレーのポロシャツは危険

■ふくよかな体型が気になる人は伸縮性のある素材のポロシャツは避ける

さて、ここからはクールビズのお話です。

環境省が音頭をとった具体的な期間を示すクールビズは２０２０年で終了したため、２０２１年以降はノーネクタイで働くシーンがますます増えそうです。しかし、公務員男性にとってクールビズスタイルは相当難易度が上がるようで、そもそもカッコいいクールビズスタイルなんて都市伝説なのではないか、と思っている人もたくさんいらっしゃいます。そのようなことは決してありません。服装のポイントをきちんとおさえればクールビズでもスタイリッシュな着こなしができますよ。

クールビズでも、シャツのメソッドで紹介した長袖のシャツを基本としましょう。清涼感あるラベンダー（薄い紫色）や薄いピンクも素敵です。半袖がお好みならポロシャツ一択で。クールビズはとにかくトップスが命です。

たとえば、こんなコーディネート。

・**定番：**白シャツ or 薄い水色のシャツ×ベージュのコットンチノのパンツ
・**洗練された印象：**ラベンダー色 or ピンク色のシャツ×ネイビーのパンツ

・**シャープ：**黒色のポロシャツ×ベージュのコットンチノのパンツ

本音は着ないで！　10代の学生感が出てしまう半袖ワイシャツ

クールビズスタイルについて、皆さんが口を揃える悩みが「何をどうがんばっても中学生男子になってしまう」ことです。

その原因はやはり半袖ワイシャツに尽きます。ビジネススタイルで半袖のシャツが存在するのは日本だけ。欧米のビジネスマンは半袖のシャツを着ることはありません。このため、半袖シャツは本来の着こなしの枠を外れ、機能性だけを追求した日本独自の産物です。職場で浮かないことを追求しすぎて、ファッションも横並び、そしてファッションセンスに自信がない人が多い公務員の世界では、無難で同業者に着用人口が多い半袖ワイシャツを手に取りがちです。

しかし、全身のバランスを整え、誰が見ても「何かイイね」と言われる着こなしを目指すのであれば、このシャツはもうこの世に存在しないものとして考えてください。

かっこいいクールビズスタイルの第一歩は、長袖シャツの袖を折り、七分丈で着ることです。どうしても半袖を着たい場合は色柄のあるシャツを着るか、ポロシャツにするのが賢明です。

シャツの襟から下着を覗かせない

夏場の役所の執務室でよく見かける光景の1つ。それは襟元から下着を覗かせながら平然と仕事をする職員さんの多さ……。

襟元からの下着チラ見せは絶対にNGです。

最も危険なシチュエーションは、座っている自分のそばに相手が立っている状態。たとえば、仕事のちょっとした報告や雑談のときです。係長級が多く抱えるシチュエーションかもしれません。そばに立つのが女性の場合、「見たくもないものを見せられてしまった……」という非常に残念な気持ちになります。職場のコミュニケーションで損をしないためにも、ノーネクタイで仕事をする期間は、首元から見えない下着を必ず着てください。これは基本中の基本です。

脱・休日のお父さん！　ポロシャツは襟の形を見る

ポロシャツの着用が禁止されている職場もまだあるようですが、夏場のポロシャツは以前よりも格段にビジネスシーンでの着用の機会が増えました。なかには自治体のゆるキャラ付きのポロシャツで仕事をしている方もいらっしゃいます。

ポロシャツは、清涼感という機能性では最高なのですが、着ることに抵抗がある方も少なくありません。理由は通常着用しているシャツのような「パリッと感」が出ず、ヘタッとして疲れた感じ、まるで休日のお父さんのようになってしまうからだそうです。

たしかに、普段のシャツよりもふわふわっとしたやわらかい生地が使われているポロシャツは、どうしてもカジュアル寄りに傾倒しがちです。

お仕事スタイル仕様にするため、夏場のポロシャツ選びで気をつけるパーツは「襟」です。

襟の形がきちんとしていれば、ポロシャツスタイルからも「きちんとした印象」を出すことができます。

では、具体的に襟のどこの部分に注目すればいいのでしょうか？　それは「台襟」の有無です。だいえり？？　聞きなじみのない言葉ですが噛み砕いて説明をすると、襟の付け根の部分にある「スペース」のことです。シャツ（ワイシャツ）の襟をめくってみると台襟の存在に気づくはずです。この台襟により襟が立ち上がり、職場に相応しいきちんと感が出るわけですが、一般的に売られているポロシャツにはこの台襟がありません。台襟がないと襟が立ち上がらず、ぺちゃんこになってしまい、ジャケットを羽織っても決まらず野暮さが増します。ポロシャツスタイルが一般的になってきたため、今は台襟があるポロシャツも少しずつ増えています。ポロシャツを新調するときは必ず台襟の有無を確認してみましょう。

　また、素材は、コットンや、コットンとポリエステルの混紡といった、肌触りのよさと通気性に優れたものを選びましょう。ポリエステル１００％のポロシャツや、生地にシワがつきやすいリネン配合率が高いポロシャツはビジネススタイルには向きません。

濃い色のポロシャツは「脇汗」チェック

職場で使えるポロシャツの代表的な色は白、黒、ネイビー、グレーといったベーシックカラーですが、そのなかで特に人気のある色がグレーです。

ソフトでまろやかなグレーはお仕事スタイルに気品を与えてくれます。やさしく落ち着きあるように見えるので、若手から少し上の中堅どころの職員におすすめです。対人での印象の観点でも、夏場にグレーのポロシャツをサラリと着こなす様子は爽やかでとても好印象です。

しかし、そのグレーにも落とし穴があります。それは、脇汗の目立ちやすさです。

暑い時期、誰しも汗をかきますが、仕事のシーンでの脇汗は厳禁です。自治体の夏場の執務室は暑いところが多いので大目に見てほしいものですが、脇汗があるだけで不潔でだらしない人だと思われてしまいます。特にグレーは「脇汗が目立ちやすい」色ゆえ、着るときは脇汗が目立たないようにひと工夫する必要があります。

そのひと工夫とは、下着に気をつけること。グレーのポロシャツを着るときは、汗取りパッドがある下着を着ます。シャツの色味によって下着を変えることは面倒くさいかもしれません。しかし、脇汗を気にしながら仕事をすると、印象も気になるうえ、仕事の効率が下がります。好印象とは少しの面倒くさいが伴う場合もあるのだということを理解していただけるとうれしいです。

ポロシャツの上に腹肉が乗っちゃう人のための解決策

ジャケットやシャツ着用時はそんなに気にならないのに、ポロシャツのときに腹肉が急に気になる……、そんな方が多いようです。ポロシャツは少しのお肉でもその存在感を際立たせるんですよね。避けたいのは、横方向にもよく伸びるやわらかいフライス編みや、最近トレンドのニット素材です。お肉をやさしく「ぽよん」と包み込みます。

公務員の仕事はデスクワークが多く、他の職種と比べると運動量が少ないもの。しかも質問待機やプレス待機などの待ち時間も存在するため、ついついお菓子に手が伸びます。このため、30歳を過ぎたくらいから日頃鍛えていない人は腹肉の存在が気になりはじめます。おなかが引き締まっていた20代の頃はポロシャツを着ても全然気にならなかった腹肉が、30歳を過ぎてベルトの上に乗ったのを確認すると、「もうポロシャツを着られないかもなあ……」と思いはじめるわけです。

しかし、希望は捨てないでください。20代の頃のようにストレスフリーな状態で颯爽とポロシャツを着る自分の姿は必ず取り戻せます。ベストは痩せることですが、デザインでカバーする、色の錯覚を利用するなどの着痩せ効果に頼りましょう。ほんのいくつかに気をつけるだけで、ポロシャツの上の腹肉は気にならなくなります。

腹肉を目立たせない方法として最も効果的なのが、「裾をインしないでポロシャツを着ること」です。このポロシャツインアウト問題は、ポロシャツＯＫの時期になると「どちらが正解なのだろう」と考えたことのある人もいるのではないでしょうか。

答えはどっちも正解です。ポロシャツの裾をアウトにするとカジュアルダウンしてしまうのは、着丈が長いからです。腹肉が気になる人は着丈が短めのポロシャツを着ることで、おなか周りのお肉を目立たせなくすることができます。

次に気をつけることはポロシャツの「色」です。膨張して見える白よりも、すっきりと見えるネイビーや黒を選びます。この際、パンツの色は、ポロシャツの色と違う色を選ぶと爽やかに見えます。ネイビーにはグレー系、黒にはネイビー系のパンツを選んでみましょう。少しカジュアルにベージュやブラウンのパンツを選んでもいいですね。

公務員よ、チーフを挿そう

チーフとはポケットチーフのことです。テレビのアナウンサーやスーツ姿のタレントのポケットから出ている、あのおしゃれな布です。

夏のオフィススタイルは、このチーフの有無が与える印象を大きく変えます。クールビズの集大成としてぜひチャレンジしてみてください。

では、このポケットチーフを挿すことによってどのような見た目の効果があるでしょうか？　スーツスタイルの軸である胸元が華やかに見えることは言うまでもないですが、公務員の場合はネクタイ着用時にチーフを挿すと、色柄によっては華美に見えてしまう可能性があります（エグゼクティブ対応が多い管理職やメディアに露出することがあるスーパー公務員さんはまた別です）。

私が世間一般の公務員さんにおすすめしたいのが、白のシンプルなチーフです。有名セレクトショップでも3千円くらいで手に入る、ベーシックな形のチーフです。ノーネクタイのときでもジャケットを着ることがありますよね。そんなときにジャケットの胸ポケットにチーフをそっと挿します。

挿し方はというと、四角くキレイにたたんでポケットに入れ、チーフは頭がちょこんと見える程度出すだけです。これは「ＴＶフォールド」という最もベーシックなチーフの入れ方です。

胸元に白のアクセントが入ることで服装全体が引き締まって見えます。ノーネクタイ期間では胸元に色がなくて物足りなく見えることが多いため、チーフを挿すことでちょうどいい「好印象お仕事スタイル」が完成するというわけです。ちなみに、ジャケットの胸ポケットにボールペンが挿さっているよりもはるかにウケはいいです。白チーフは挿してみると意外に派手ではないので、騙されたと思って挑戦してみてくださいね。

公務員のデコシャツ問題を考察する

私がお客様に服装を選んで差し上げるときは、事前に行うパーソナルカラー診断（髪や目、肌の色や全体の雰囲気と調和する色を診断すること）の結果に基づいて提案しています。

たとえばネクタイを選ぶとき、公務員のお客様に対しても、いつも使っているネクタイと比べて、柄が目立つものや、少しだけ鮮やかな色味のネクタイをおすすめすることがあります。世間一般から見ても派手ではない色だとしても、「そんな派手なネクタイは絶対に無理です。恥ずかしくてできません！」とおっしゃる方が一定数いらっしゃり、公務員さんは一般的にネクタイだけでなくカーディガンやシャツを含めても、職場の服装に「色」を取り入れることに抵抗がある方が多いです。

ネクタイやシャツの柄は無地かストライプと無難を選びがち、ビクビクしながらたまにチェックを……というようにデコラティブなスタイルを忌避する公務員の方が多いなか、なぜか、デコシャツ着用の公務員人口はかなりの数になります。これは一体……!?

以前、ツイッターでつぶやいたところ、「わかる！」「自分もそう思っていた！」といったリプライをたくさんいただきました。そうか、この違和感は、私だけではなかったのかと実感しました。

> 古橋香織@公務員・政治家×おしゃれ
> @kaori_ccms
>
> カジュアル化が進んでボタンダウンシャツの出番が増えそうな役所現場ですが、ボタンダウンシャツはシンプルが1番ですよ。襟裏がチェックだったりボタンにアクセントがあるデコシャツは顔周りがチカチカして子供っぽい印象になります。
>
> そして何故か公務員さんはデコシャツを着てる人が多い。なぜだ。
>
> 午前6:38 · 2021年1月20日 · Twitter for iPhone

デコシャツとは、ボタンダウンシャツの一種で、襟のボタンがピンクや赤などの糸で施されていたり、襟裏《えりうら》がチェックになっていたりと、どこかしらにデコラティ

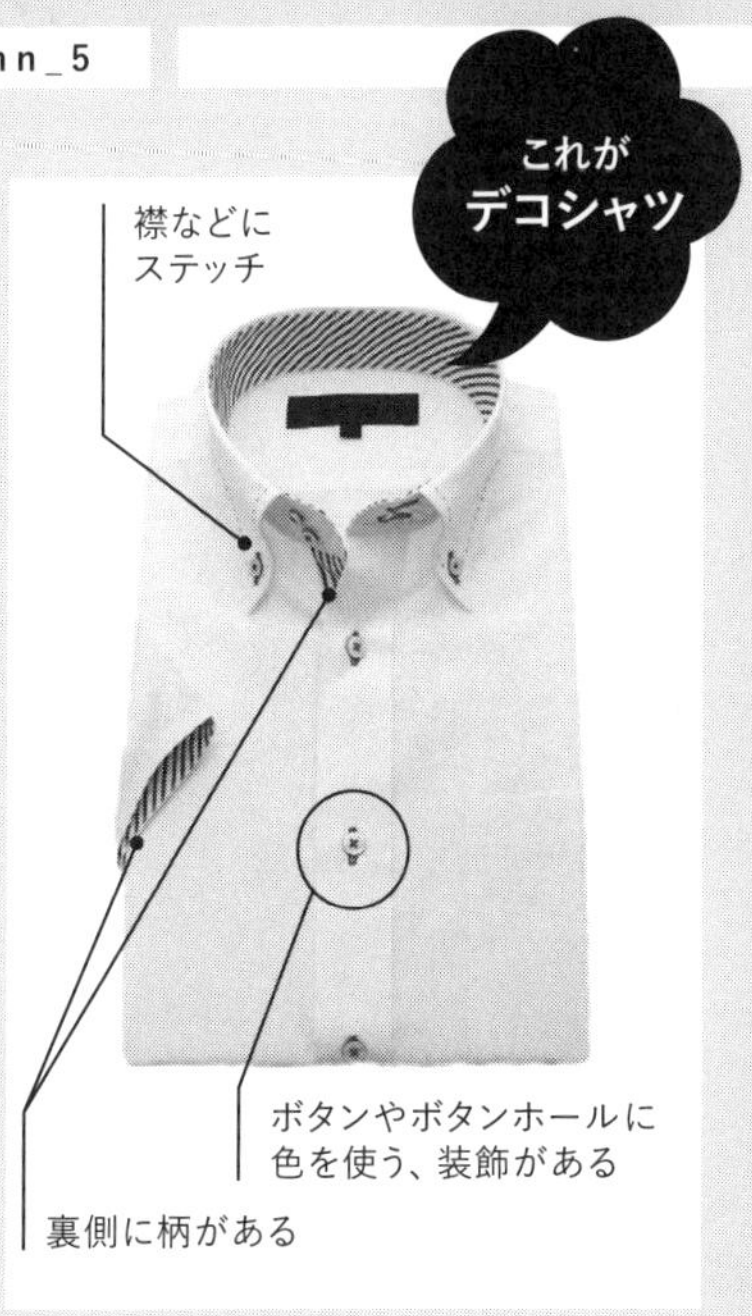

ブな装飾がされているシャツのことです。ちなみにデコシャツは造語です。スーツ量販店で売られていることが多く、セレクトショップや百貨店、テーラーでは見かけません。

このデコシャツ、公務員界隈では主にクールビズ期間やノーネクタイでも可能な職場で数多く見かけます。「これもみんなが着ているから」という横並び精神から生じたものなのでしょうか？　私自身も20代前半のころは「なんだあのかわいいシャツは！」と思っていたのですが、歳を重ねていろいろな方のビジネススタイルを見ていると、デコシャツからはなんとも言えない「もったいなさ」が漂ってくるのが垣間見えるのです。

スーツは、シンプルに着こなすのがオーソドックスです。一番カッコよく見えるこの考え方に基づくと、デコシャツのような過度な装飾は子どもっぽく見えるため、仕事ではあまりいい印象を与えません。実際に子ども服のシャツはデコラティブですが、かわいらしさを出すためにデコラティブになっているのです。

ノーネクタイの時期は、顔まわりが寂しくなりそうという理由からデコシャツに目が行きがちですが、白や薄い水色の無地のシャツをオーダーするほうが、将来的なコストパフォーマンスの観点からも、相手に与える印象の点からも確実です。繰り返しますが、デコシャツ×ネクタイの組み合わせは論外です！

自治体も脱スーツ!? 進むビジネスカジュアル化

スーツ離れと引き換えに話題なのが、ビジネスカジュアル化（ネクタイを不要とする、テーラードジャケットと、セットアップではないパンツを組み合わせる（ジャケパンスタイル）など）の進展です。ビジネスカジュアルの始まりは１９８０年代のアメリカ・カリフォルニア州北部に位置するシリコンバレーです。世界最先端のＩＴ企業の聖地ですから、身体を締め付けないカジュアルな服装が、クリエイティブなアイデアを生みやすくしていたのかもしれません。

ビジネスカジュアル化の進展によって、もうスーツを着なくてもいいんだ！　とのうれしい声がたくさんある一方で、場所や状況に応じて身に着けるものを変えなければならない煩わしさも生じます。特に男性の場合、コーディネートの幅が増えれば増えるほど、逆に何を合わせていいのかわからなくなるようです。

ビジネスカジュアルの大前提は「手入れが行き届いているもの」を着ることです。さらに、これからの時代は「心地よく働く」発想がないと魅力的な職場づくりはできません。

この視点で考えてみると、ノーネクタイ通年化は、これからどんどん増えていくでしょう。そこで、ノーネクタイのコーディネートの際に気をつけるポイントについて考えてみましょう。

まずこのノーネクタイ通年化ですが、ネクタイをせずに業務にあたる職員を見て、市民サイドからクレームが出ることはほとんどなくなりました。職員の服装について、自治体のホームページや掲示で市民に周知し、試行期間を経て取り入れている自治体が多いことと、クールビズの概念が一般化し、環境保護の視点というしっかりとした社会的目標があるためです。むしろ、夏にネクタイを締めているほうが「暑苦しい」と言われるそうです。

ノーネクタイ通年化を実施している自治体の多くは、「公務員として恥ずかしくない服装で」というスタンスをとっており、その結果、ネクタイをつけるか否かは個人の判断に任せているようです。

しかし、この「個人の裁量」が混乱を招いてしまうことが多々あるようです。そもそも、多くの人はファッションスキルがそれほど高くはありません。特に日本人は、欧米人ほど厳密に「ドレスコード」を学ぶ機会がないからです。

この問題をクリアするためには、自治体としてどこまでのカジュアル化を推進するのかを明確化されているといいですね。逆に、ネクタイ着用時を制限・列挙するなどの配慮も有効です。たとえば、「夏場以外の議会中はネクタイを着用する」「市民が来庁する式典では着用する」などと決めることで、職員の迷いを排除でき、服装で悩むこともなくなるのではないでしょうか。

また、ネクタイをしないとどうしても襟元がだらしなくなりがちな人も一定数います。年配の職員に多く、首元から下着が覗いていたり、襟の汗じみが目立つシャツを着たりしています。ネクタイなしできちんと見せることは、ネクタイをつけてきちんと見せることよりも数倍難しいものです。ゆえに、職場における「身だしなみ」への理解がより重要になってきます。

ビジネスカジュアルは、管理職と管理職以外の職員の見た目の差が出やすいのも特筆すべき点です。また、ビジネスカジュアル化に乗じて、身に着ける服の値段もカジュアルにするのは厳禁です。いつもより質のよいものを身に着けることが、ビジネスカジュアル化においてもポイントとなります。

Part 4

業務部門別　鉄板スタイル図鑑

総務課・人事課

情報システム課・DX推進課

企画課

財政課

福祉課

市民課

広報課・観光課

秘書課

税務課

農業政策課

議会事務局

01

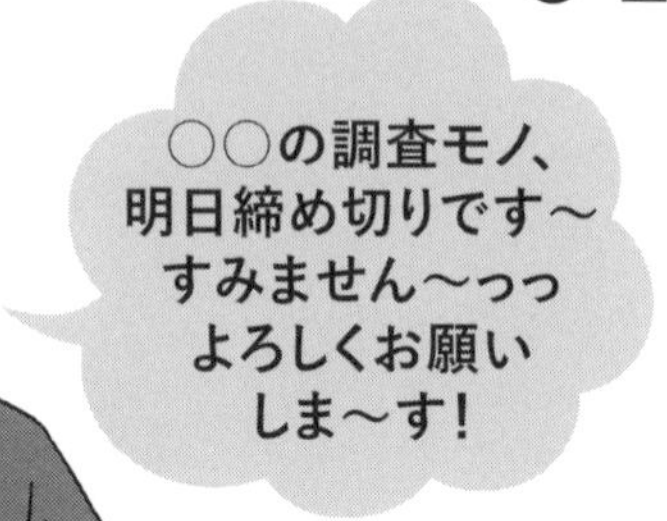

ジャケット

色味はネイビーやグレーをチョイス！ 柄が入っていても○。

ネクタイ

柄入りのネクタイで親近感を。ドットが小さく細かく、色は地色とドットの色の境目がわからないくらいコントラストが強くないものなら人を選びません。

ボトム

コットンチノのパンツでジャケパンスタイル。
王道はこれ。
［ジャケット］［パンツ］
ネイビー × ベージュ
グレー × パンツ

#親しみやすさ
#トレンドOK
#やわらかさ
#ネクタイには柄！

公務員オブ公務員、
公務員受けするスタイルで

総務課・人事課

人事や給与などを握る総務課は役所全体に多大な影響を与える部署。ヒト・モノ・カネを握る出世部署に数えられます。特に人事課は「ヒトゴト課」などと呼ばれて、人事異動の時期は他の課の職員からよそよそしく接せられることも。しかし、人柄がいい人がやっぱり多いのがこの課の特徴ではないでしょうか。人間的にクセのある職員が配属されることはあまりないため、どこのコミュニティにもするりと入っていける総務課職員は、庁内の職員の人間関係において卓越したスパイ能力を発揮します。そこから得られた情報は「この人はあの業務向き」というように、異動を考える際に大事な情報になるのです。総務課の場合は、机に向かう仕事が多いと思いきや、意外にも庁内での調整業務に割く時間が数多くを占めています。他の課から質問を受けたり、「この調査をお願いします」「この張り紙を張ってもいいですか？」などと人に依頼をしたりすることも多いです。デスクワークは夕方からが勝負になってしまいがち。ゆえに、総務課は体力と引き出しのなかのたくさんのお菓子も必要なのです。

総務課・人事課の仕事にぴったりなスタイル

* 庁内職員にお願いする仕事が多いのは総務課の特色です。お願いされる側は、顔では笑っていても、腹の奥では意外と険しい顔をしているもの。心を開いてもらうための「親しみやすさ」は必須なのです。
* 黒のスーツは威圧感が出ます。ネイビーやグレーでやわらかさを出しましょう。
* 庁内でのやりとりが主流な場合は、シャツはストライプなどの柄ありでもオッケーです。職場の雰囲気によりますが、定番のブルーやネイビーのストライプ以外の色味にもチャレンジしてみましょう。
* ネクタイは無地だとシャープな印象に。無地のタイをするときは、どこかに柄を取り入れるとおしゃれになります。他の職員とのコミュニケーションのきっかけとして、かわいい柄も全然アリなのが総務課です。
* 採用担当などの人前に出ることが多い職員は、若い人受けするスタイルがおすすめです。多少であればトレンドを入れても大丈夫です。「公務員っぽくなくておしゃれだ！」と思ってもらえるようにしましょう。

02

ジャケット

やわらかさに加えて知的さ、端正さも出せるネイビーのジャケット。ネイビーに合わせるトップスの色は淡いグレー、ボルドーあたり。ボルドーは一見変化球に見えるも、ジャケットなしで着てもサマになるうえ、こなれ感が出ます。

トップス

冬は長袖のニットポロでカジュアルダウン。抜群の着心地で、急なシステム対応にも(服装だけでも)ストレスフリー。夏は清涼感あるリネンを掛け合わせた綿麻生地を。

ボトム

チノパンをセレクト。ベージュならカジュアルに、ブラックならスマートに。スーツではなくジャケパンスタイル!

時計

ネクタイではなく、黒の小ぶりなデジタルウォッチをアクセントに。

靴

シンプルでベーシックなコインローファーできれいめに締めます。ローファーはボリューム控えめなつくりがマスト。

#やわらかさ
#カジュアル
#服装でも旗振り!
#時計でアクセント
#イメージはGAFAのITエンジニア

カタカナだらけのイメージをまあるく、
敵をつくらないスタイルで

情報システム課・DX推進課

昨今、DX（デジタルトランスフォーメーション）の推進が叫ばれています。しかしなぜか、公務員はデジタルに疎い。「アジャイル開発での導入を…」「ユーザーエクスペリエンスを高めて…」、DX担当の口から専門用語が出ようものなら、他の課との溝は深まるばかり。一方、やりとりする相手はデジタルナイズされたベンダーや、ジャケット＋Tシャツをスマートに着こなすスタートアップ企業。おまけにメインは説明や調整で、コミュニケーションが大事な職場です。

そんなDX推進課が目指すべきは、まず庁内に敵をつくらない印象づくり。ソフトでやわらかいイメージでカジュアルに役所のデジタル化を牽引します。実は、ポロシャツや綿パンなどのビジネスカジュアルを最初に取り入れたのはアメリカ・シリコンバレーのITエンジニアたち。難解なITを制すには頭をやわらかく、そのためには自分がリラックスできるカジュアルな服装を、とはまさに合理的な発想です。カジュアルファッションを推進する民間企業に倣って、服装もカジュアル寄りに。相手に合わせた服装にすることは服装戦術の１つ。民間とパートナー関係で進めるDXはなおさら、服装でコミュニケーションの質も大きく変わるものなのです。

情報システム課・DX推進課の仕事にぴったりなスタイル

＊基本はジャケパンでカジュアルに。首長や幹部への説明がないときはデニスラ（デニム素材のスラックス）で崩してもいいかも。

＊ネクタイを巻くシーンが減ったぶん、時計で服装にアクセントをつけましょう。デジタル担当部署におすすめはデジタルウォッチ。トレンドをプラスしつつ、日常的にITツールに触れるのです。時計はボリュームのない薄型のものがオフィスにマッチします。

＊ポロシャツは長袖もあり、素材も豊富で冬も楽しめるアイテム。ニット素材なら、伸縮性があり、ワイシャツより着心地がいいだけでなく、柔和に見せてくれる効果も。民間企業との会議や打ち合わせはポロシャツの上にジャケットを羽織っていきましょう。

＊自治体のなかでDXを話題にしたいなら、まずDX推進課で働く人が話題になることから始めてみるのも手。ゴールは職員や市民にデジタルをカジュアルに使ってもらうこと。思い切って自分たちの服装もカジュアルにしましょう。職員の意識改革は服装から始まります（民間での制服廃止は職員の意識改革のためです！）。

03

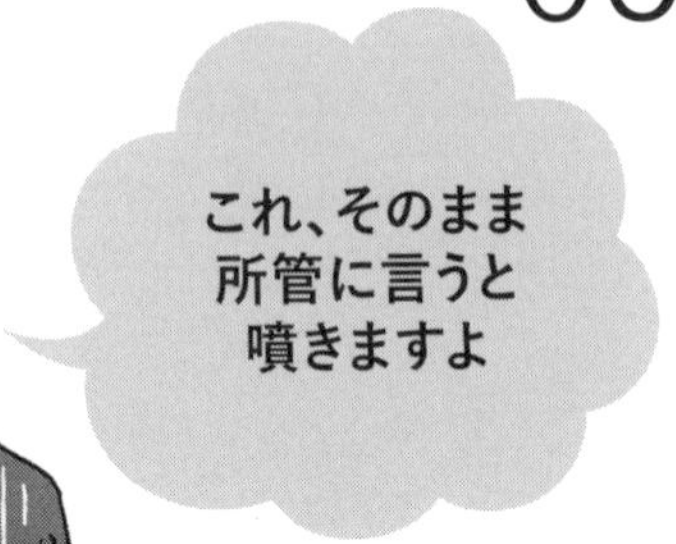

シャツ
ホリゾンタルなど襟の開きがあるものをセレクトし、シャツでヌケ感を出します。ハリのある素材でシャツからはきちんと感を。

シャツ
ヌケ感は袖からも。七分ほどにまくって手首を出します。夏もこれで乗り切る！

ジャケット
軽めの素材感のものをチョイス。シャツで出したきちんと感を、ジャケットのリラックス感で中和。

靴
ベーシックなコインローファーできれいめにまとめます。ローファーはボリューム感を抑えたつくりのものを。

#人当たりのよさ
#ヌケ感
#トレンドOK
#余裕も服装から

選ばれし精鋭？
必要なのは「切れ者感」ではなく「洗練」

企画課

「企画課＝デキる人＝怖い」のようなイメージがある企画課。仕事内容は重要施策の企画調整や長期計画の策定、行政改革などを所管しているところが多いです。いわゆる花形部署であるといえるでしょう。社会課題や地域課題で問題が顕在化している「ナウ」なことをするため、庁内調整と庁外調整の割合も半々くらい。対人の仕事が多いため、担当者の印象が業務の円滑な遂行を左右するといっても過言ではありません。

若い年次で企画畑に異動になった職員がごくまれに陥りやすいのは、「切れ者感」を出してしまうこと。企画課に異動と聞くと、どこか選ばれた印象があるものですが、対内・対外ともに調整役に徹することが多く、業務で接する人は社会的地位が比較的高いことを加味すると、自分にとっても組織にとってもよい方向に物事を運ばせるために、服装でアピールするべきは「人あたりのよさ」です。「企画課＝怖い」のステレオタイプを払拭しましょう。所管課と仲良くできるかどうかで仕事の出来が全然違ってきます。

企画課の仕事にぴったりなスタイル

* 人とのやりとりが多い企画課はリラックススタイルときちんとスタイルをバランスよく取り入れるのがポイントです。きちんと感を全面に押し出すよりも、スーツの素材を軽くする、襟の開きのあるシャツを着るなど、どこかに「ヌケ感」を出すと◎です。
* 企画課は役所のなかでもクリエイティブなイメージで見られています。スーツの着こなしも冒険が許されているといえます。色や柄、はたまた小物で遊ぶなど役所内のトレンドを牽引しましょう。
* くたびれた服装は仕事のモチベーションに影響します。責任ある仕事を任されているときは、パリッとしたシャツを着るようにしましょう。
* 役所の代表として外部と接することが多い企画課。いい意味で公務員らしさを残しつつも、「スーツの着こなしなんて朝飯前だぜ」という余裕感を出すことが大切です。
* 疲れた企画課は論外です。ここでの過ごし方が公務員人生において大事だと思えば思うほど、服装は手を抜いてはいけません。

04

シャツ
襟はホリゾンタルカラーで首回りを風通しよく。

シャツ
七分くらいまでまくり、手首を見せてヌケ感を出します。

ボトム
なめらかな生地のイタリアンテイストのスーツ生地をセレクト。ストレッチ性があれば長時間作業も苦ではない（はず）。

靴
執務室では、暗めの色&かっちりとした素材のサンダルならアリ。

#服からも
風通しのよさ！

#凛とした印象

#厳しい指摘も
ソフトに聞こえる
やわらかさ

#心も頭も
リラックス

NOT怖いイメージ！
令和はリラックススタイル

財政課

財政課は一般的に「めっちゃ期待されている人が配属される部署」と認識されています。自治体全体を俯瞰することができる予算編成という大事な仕事を経験できるのは、後の自治体幹部志望者にとっては最も勉強になる職場だといえるでしょう。しかし、「忙しい！　怖い！　異動したくない！　異動したらしたで辞めたい！」と役所のなかでは他部署から最も敬遠されている財政課。絶大な権限を誇り、仕事内容がシビアなぶん、表情を変えずに淡々と数字をぶった斬っていく様子は他の課の職員に恐怖と戦慄を与えます。他の課の職員が財政課のフロアに行くときは決まって悪い知らせで、呼ばれたあとは死んだ魚の目をして帰ってくるとか……。しかし、自治体財政はシビアでないと市民に示しがつきません。財政課のもう１つの特徴は「激務」であること。激務に耐えられるであろう選抜メンバーが揃っているのですが、肩の力が入りすぎぬよう、ほどよいリラックススタイルが令和の財務課像。仕事に向かう気持ちも変化するはずです。

財政課の仕事にぴったりなスタイル

* 秋冬の予算の査定の時期、執務室にこもる日は、風通しのよいホリゾンタルカラーのシャツで快適に。
* 目上の人に会うことがない日はネクタイをする必要はありません。自分の体の解放を優先させてください。
* 万が一に備えて、ロッカーには置きネクタイを。暗めの寒色で凛とした印象を出すと、気持ちがノッてくるはずです。
* スーツは固めの生地のかっちりとしたスーツではなく、やわらかな仕立てで軽さのあるイタリアンテイストのスーツがオススメ。
* 全体的に「ストレッチ」「着心地」がカギ。着ているものは疲労感に関係します。
* 執務室内では「カッコいいサンダル」を！　そしていざというときには「カッコいい靴」を履きましょう。
* 常時リラックススタイルがよし、ではありません。気持ちを切り替えたいときや臨戦態勢で臨むときは、スーツをビシッと着こなすことも大事です。気持ちも服装もメリハリで！

05

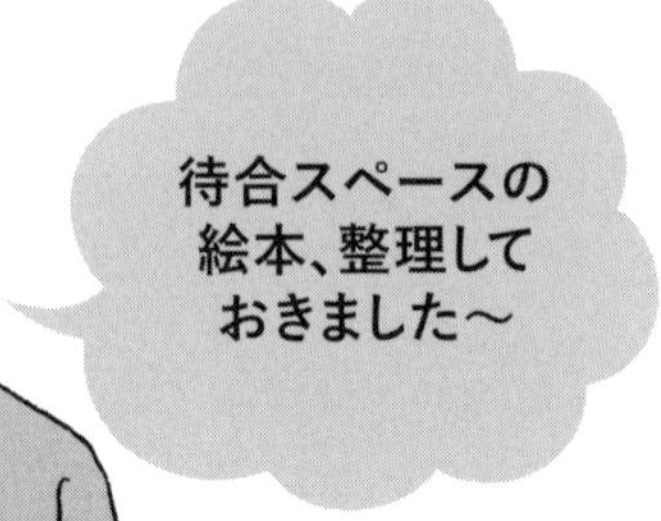

シャツ

緊張感漂う白シャツより、ストライプ柄やチェック柄でフレンドリー感を出しても○。柄は色のコントラストが強くないものを選ぶと失敗しません。襟はワイドカラーまたはセミワイドカラーで親近感と清涼感を。

カーディガン

お客様対応が多いため、ジャケットではなくカーディガンを。素材のやわらかさが雰囲気づくりの一助に。色はブラウンやグレーで威厳は隠します。

靴下

福祉課にとって靴下は最重要チェック事項です。詳しくはP126参照。

靴

ブラウンでまとめましょう。ベルトと色を合わせます。

ネクタイ

シャープさが出る無地は避け、ドット柄や小紋柄といった曲線モチーフでやわらかさをプラス。柄は細かく小さく、色のコントラストが強くないものだと簡単！

ボトム

色はネイビーかグレーを選び、とことん親しみやすく！

#フットワークよし！
#清潔感
#親しみやすさ
#曲線モチーフ
#児童福祉はかわいい柄も○！

老若男女への
親しみやすさ重視

福祉課

生活福祉、児童福祉や高齢者福祉など市民の生活に直結し、庁外では幅広い世代と接することの多い一方で、優先度の高い首長マターなども降りてくることもあるようです。目指すのは「いろいろな人に好かれる親しみやすさ」を存分に盛り込んだスーツスタイルです。福祉課はお客様の属性が多岐にわたるため、業務別に服装のポイントをお伝えします。

福祉課の仕事にぴったりなスタイル

【生活福祉】

＊いわゆるケースワーカーが主な人員を占める職場で、ラフなスタイルこそ！ という風潮があります。警戒心をあおらないように心掛けつつ、フットワークの軽い服装がベター。

＊ラフなスタイルこそだらしない印象に転びがちゆえ、清潔感のある身なりが基本です。

＊一番大事なのが「靴下」です。汚れやかかと部分の生地が薄くなった靴下は絶対NG。

【児童福祉】

＊お客様は子育て中の保護者や保育事業者、そして子どもです。普段からやわらかな生地や色味を多く見慣れている人たちなので、やわらかく親しみやすい印象に。

＊シャツの襟は、ワイドカラーやセミワイドカラーを。レギュラーカラーだと年齢が上に見え、落ち着きすぎてしまうかもしれません。

＊女性や子どもがお客様である相談業務担当は、ストライプやチェックなどのかわいい柄も取り入れましょう。堅苦しい印象を与える無地の白シャツは避けましょう。

＊ネクタイはドットや小紋柄など、曲線モチーフの角のない柄も◎。

＊青などの寒色系ではなく、赤などの暖色系をどこかに取り入れることで、親しみやすいスーツスタイルのできあがり。

＊靴やベルトはブラウンで揃えるとまとまります。

【高齢者福祉】

＊お客様は高齢者、そして高齢者の介護に携わっている方や事業者が主です。ポイントは、「事業者のお仕事に寄り添うこと」、そして「息子や孫目線」です。

＊介護事業者さんは一般的にラフな格好が多し。ケースワーカーさんの服装を参考に、動きやすい格好がベター。相手に寄り添う姿勢は服装で見せることができるのです。

＊スーツは、好印象のネイビーやグレーを基調にします。威厳やモードっぽさは避けましょう。

＊ネクタイは柄入りを。無地のタイのような鋭さは避けましょう。

06

#なんてったって清潔感

#あなたのイメージは自治体のイメージ

#時計は万人受けするものを

#ベーシックは一番難しい

#すべての公務員の模範

わが自治体のイメージは
ここで決まる!

市民課

新採さんを含めて、多くの若手が配属されるのが市民課です。市民が抱く「公務員」のイメージは、この市民課の対応で決まるといっても過言ではありません。いろいろな業務を担う公務員がいるなかで、市民課の職員は「一番見られている公務員」です。その分、着ているものや身に着けているものも一歩間違えるとクレームにつながることがあり、服装選びは無難で地味なものに落ち着きがちです。また、普段市民とあまり接することがない官房系、事業系から市民課に異動になった職員さんからも、「市民課なのであまりおしゃれな服を着られなくて……」と、役所のなかで最も「相手の目」に気をつけなければいけない部署だと認識されているようです。清潔感を最重視した基本の身だしなみを完璧にマスターすることは大前提ですが、同時に「この職員に対応してもらえてよかった」とお客様に思ってもらえるような爽やかで頼り甲斐のある印象にすることが大切です。市民課には、新規採用職員から窓口対応を長年担当してきたベテランまで幅広い年次の職員が勤務しています。市民の目と同時に、ベテラン職員にも好印象を与えるような服装選びを意識しましょう。

市民課の仕事にぴったりのスタイル

＊採用されたばかりの新採さん、もしかしていまだに黒のリクルートスーツ着て窓口に立っていませんか？　黒のスーツは目立つうえ、新人っぽさが丸出しなのは相手によっては軽んじられることも。速攻でビジネススーツを調達しましょう。

＊スーツの色は汎用性が高いネイビーやチャコールグレーのスーツがオススメです。

＊窓口対応で何気に視線が行きがちなのが時計です。窓口対応のときは、時計が大好きであっても海外製のハイブランドのアイテムを避けたほうが無難です。

＊ネクタイはストライプや無地などのベーシックなものを選びましょう。

＊ジャケットはジャストサイズが基本です。窓口では相手から上半身しか見えないぶん、肩にカパカパしている余裕が見られると、お客様の視線がそこに集まってしまいます。

07

ジャケット

チェック柄をぜひ。初心者には、細い線が密集した主張控えめなチェックを選ぶと◎。無地感覚で合わせやすく、立体感あるコーディネートに仕上がります。華やかにもシックにも装える、使えるアイテム！

シャツ

ニットタイにボタンダウンシャツを合わせると、カジュアル度が増し、リラックスして見える効果があります。アメリカントラッドなコンビゆえ、きっちりとした印象もキープできます。

ネクタイ

外向きの部署こその遊びを効かせたコーディネートは無地ニットタイで一発解決。ニットタイは遊び一辺倒かと思いきや、クラシカルな出自を持ち、フォーマルにもカジュアルにも対応可能。1本目は落ち着きあるネイビーを。

ボトム

ジャケットで柄を持ってきたら、ボトムは無地に。ボトムの色はジャケットのチェックに使われている色を取り入れると簡単。

靴

ブラウンで華やかさを出しましょう。ベルトも同じ色で揃えることをお忘れなく！

#脱・公務員イメージ
#トレンドを積極的に
#華やかさ○
#ラフ・カジュアル・遊びもOK
#かっこいい人の発信はかっこいい！

目指すのは
公務員の姿をした営業マン

広報課・観光課

広報の仕事を所管する課です。自治体によっては「シティプロモーション課」という名前が冠せられていることもあります。SNSやイベントを駆使して自治体の魅力を外に発信する広報課・観光課は、若手職員の憧れの部署でもあります。この課の仕事のゴールは、自分の自治体に住みたい人を増やすことになるので、“〇〇市という商品を売る営業パーソン”でもあるのです。市民やマスコミとの交流が多く、発信するにあたって、従来の公務員イメージは１ミリも必要ないと思ってください。いい意味での「公務員ぽくなさ」が必要かもしれません。魅力的な発信をするためには、自分たちも「あ、いいな」と思ってもらえるような魅力が必要です。たとえ自分たちの自治体が魅力的であっても、発信する人の魅力がないと本当に伝えたいことは伝わりません。このため広報課・観光課の皆さんには、トレンドを少しだけ取り入れたスタイルを提案します。海外を相手に発信を行う場合はコーディネートのルールが異なるため、注意が必要です。

広報課・観光課の仕事にぴったりなスタイル

* 自治体の宣伝マンたるもの、白シャツでは少し落ち着きすぎかも。柄の入ったシャツで華やかさをプラスしましょう。
* ボタンダウンシャツ＋無地のニットタイで、クラシカルななかにも遊びを取り入れましょう。ニットタイはふんわりと結ぶようにするとかっこいいですよ。
* 軽快さを出すために、チェックのジャケットもオススメ。夏のジャケパンスタイルでも使えます。
* 靴をブラウンにすると一気に華やかな印象になります。このとき、靴とベルトの色は必ず揃えましょう。
* 海外との折衝の場合、ストライプのタイは国によって失礼にあたることも。最も格式高い無地のタイを身に着けるようにしましょう。

08

#気品と洗練
#やわらかさ
#髪・爪・肌！
細部にこそ魂は宿る
#隙のないシルエット
#1.5倍服装ルール

清潔感にプラスすべしは
「気品」と「やわらかさ」

秘書課

首長や副知事の日程管理や式典のアテンドなど、調整ごとや人前に出る機会が多い秘書課。いろいろな方面からの頼まれごとも多い特殊な仕事です。他の課からの期待値がなぜか高く、秘書課に用事があるときの緊張感とドキドキ感は、公務員であれば誰もが経験すると思います。そして、そのような他課職員の期待感を裏切らないためにもポイントになってくるのが、エグゼクティブ直属である「気品」と「やわらかさ」をスーツスタイルで醸し出すこと。加えて、髪・爪・肌といった細部の身だしなみへの気配りも一層大事です。

一方で、随行などにより休日出勤が多い傾向にあるのも秘書課の特徴です。エグゼクティブの随行は常に緊張の糸が張りつづけているものです。気を張るときとそうでないときのバランスが取れないと疲れてしまいます。オンとオフの切り替えのため、ぜひ生地の質感にこだわってください。

秘書課の仕事にぴったりなスタイル

* 最も格式高い白シャツはマストアイテムです。シワやヨレなどがないように隅々までチェックしましょう。シャツの生地に「織り」が入るとエレガントな雰囲気に、クレリックのシャツなら気品あふれる雰囲気に。
* 夏は薄い水色の無地シャツで、涼しげで爽やかな印象に。
* スーツの色味はやさしい色味のグレーやネイビーがベスト。物腰のやわらかい印象になります。
* 出張の多い秘書課は靴も大事。シルエットの美しさと歩きやすさが両立する靴を選びましょう。
* 公式な場に随行することが多いため、ネクタイ着用率も他の課より多いかもしれません。ヴィヴィッドな発色ではないブルーやブラウンなど、品のある色味のネクタイをしましょう。
* 首長や副知事・副市町村長はただでさえ注目されますが、随行職員も意外と見られているものです。スーツのサイズはジャストフィットのものを着るようにしましょう。
* ビジネスシューズの手入れができてこそ、「自分は細やかな仕事ができます」という信頼が生まれます。秘書課職員はなおさら手を抜いてはいけない部分です。

09

スーツ

40代以上で貫禄に欠けがちな人におすすめなのが、ストライプ柄など柄入りのスーツ（詳しくはP88参照）。ファッションによる助けを借りて信頼を勝ち取るのはもはやビジネスパーソンの定番。ボトム丈はスタンダードなハーフクッション（裾が靴の履き口部分にわずかに当たり、たわみが出ない長さ）ですっきりと。

シャツ

ストライプ柄のスーツとのコントラストを意識して白シャツをイン。シャープな印象で、お客様から信頼を得ましょう。

靴

堅実さが求められる仕事ゆえ、フォーマル感あふれる、ひもで結ぶレースアップシューズを。足は体型ほど変化がないパーツゆえ、投資して損なし。

ネクタイ

落ち着いた色味で、無地かストライプなど定番柄をチョイス。

袖口

ジャケットもシャツも袖口の汚れは厳禁！

#強さと権威性

#ダークカラーで全身引き締め

#ナメられないジャストサイズ

#ハイコントラストでキリッと

#ストライプの直線で身体を縦に大きく見せる

一目置かれる明暗の
キリッとした色遣いがおすすめ

税務課

徴税吏員の皆さんです。机に向かって黙々と作業するのみならず、市民からの問い合わせにも対応しないといけない税務課は、一部の市民からは最も敵にされがちな部署です。税金の関係で喜んで役所に行く人はほぼ皆無ですからね……。目指す仕事のゴールは、「お客様に適正に課税すること、そして、税金を支払ってもらうこと」ゆえに、時に理不尽なクレームや威圧的なお客様に出会うこともあります。しかし、徴税吏員はおじけづいてはいけません。税を司る職員として、相手に舐められるのは御法度。強さと権威性を出すためにカラーコーディネートの観点から、自分を強く見せてくれる色遣いを味方につけましょう。スーツの色は、暗めを選んで全身を引き締めます。ヨレヨレのジャケットやサイズの合わないスーツはNGです。ぱっと見の第一印象から「この人には逆らえない」感を出すために、ジャストサイズのスーツで自分を格上げするのです。

税務課の仕事にぴったりのスタイル

＊税金のことを市民に丁寧に説明する機会も多いゆえに、スーツやシャツの袖口の汚れは入念にチェックして。こんな些細なことで相手の導火線に火がつくことも……。

＊暗めの色は印象をシャープに見せてくれます。白シャツを使ってコントラストを出すとより「デキる人」な印象に。キリリとした雰囲気を出しながら、公正に税政業務を行いましょう。

＊威厳が出なくて悩んでいる人は、ストライプなど柄の入ったスーツを選びましょう。柄で守ることで、体をひとまわり大きく見せられます。ちなみに、ネイビー×ストライプは金融パーソンの象徴として知られています。

＊ネクタイも落ち着いた色味がおすすめです。無地やストライプといった定番柄の柄のものをしっかりと結びましょう。

＊スーツの裏地などの見えない部分には好きな色を入れて、仕事へのモチベーションを高めましょう。

＊納税者の自宅訪問の日は、靴下の色も注意します。特に新任者は、くるぶしが見えてしまう丈のスポーツソックスや、汚れた白ソックスは履かないように注意しましょう。

10

ジビエで
地域振興
できないかな〜

ネクタイ

つるりとした質感より、ネクタイもざらつきのある素材をチョイス。ウール素材は立体感も出て、ジャケットの質感も相まって穏やかな印象づくりを実現できます。

ジャケット

ざらっとした質感の生地を選んで素朴さを出してみるのも◎。

ボトム

コットンチノのジャケパンスタイルで軽快に。

靴

立ちっぱなし、歩きっぱなしも多い業務内容。レザースニーカーなら、歩きやすさと上品さが両立できます。

#穏やかさ

#素朴さ

#ウォーミングカラーでやさしい印象に

#スニーカー選びも仕事のうち

#でもキレイめは外さない！

緑をテーマカラーにして
士気を鼓舞しよう

農業政策課

農業が基幹産業である場合は仕事のボリュームも大きくなる農業政策課。自治体によっては幅広い業務を担うこともあります。この課の特色は、技術系公務員さんも数多く所属していることです。職場によるのかもしれませんが、事務系公務員と技術系公務員のあいだには越えられない壁が存在していることがあります。そこで、職場の結束を強めながら、仕事のアウトプットの質を高めるためにも、服装でその壁を超えてみましょう。その1つがテーマカラーの設定です。農業政策課は法令に基づいた仕事や農業振興に関わるイベントの開催、地域振興やまちづくりに関わるさまざまな重責を担っています。一方で、わが街の農作物をより魅力的に見せる営業パーソンの一面もあります。いうなれば、農業を介した何でも屋さん。この課も、課内・庁内だけでなく、生産者、消費者といった幅広い人にカテゴリーの人に接するのが特徴です。農業振興と生産物の魅力アップという共通ゴールに向けて、テーマカラーの効果を存分に生かしましょう。

農業政策課の仕事にぴったりなスタイル

* 農業イベントの前や課として大事な業務が控えている日は、その地域の特産物の色味をどこかに取り入れてみるのもいいかもしれません。
* 農政課は、農業のすばらしさの伝道者。ツヤツヤな生地を使用したスーツよりも、少しざらっとしたスーツの生地のほうが、素朴で穏やかな印象を与えます。
* 上述の理論はネクタイについても同様です。やさしい雰囲気を出したいは、ウールなどのザラザラとした手触りの生地のネクタイがおすすめです。
* 外出する仕事では靴も大事。イベントなどで長時間立ちっぱなしのときは歩きやすいけれども野暮ったくない靴を選び、お仕事スタイルの枠を崩さないようにしましょう。
* 紺やブルーなどの堅めの寒色ではなく、ベージュやレンガ色といった暖色系の色味を使うほうが、他の部署との差別化ができ、いい意味でキャラ立ちも実現できます。

11

小物

エグゼクティブ対応が業務につき、時計やメガネは相手からの見え方に配慮しましょう。安っぽいものは失礼にあたりますよ！

シャツ

襟とカフス（袖口）を白生地で切り替えたクレリックシャツを合わせると、知的で上品な印象が醸し出せます。

ネクタイ

議員より目立つ色、議員が着用する色は避けましょう。服装は気配りです。

スーツ

ネイビーを選んで、清涼感、清潔感、万人受けを徹底的に！

#人当たりのよさ

#よいものを着ましょう

#黒子じゃないけど派手NG

#ネイビーで万人受け

#小物のチョイスも抜かりなく

黒子ではありません、
目指すのは気配りあるおしゃれ

議会事務局

向いている人とそうでない人の差がはっきり出る議会事務局は、バラエティ豊かな議員のあいだを穏便に立ち回る人当たりのよさが必要です。会期中は常に緊張と隣り合わせなので、暗めの色で落ち着きある配色を心がけてみましょう。最近は議員とタッグを組んで議会改革を進める自治体も増えてきたため、もはや議会事務局は、かつてのような黒子的ポジションではありません。なぜか議会事務局＝黒のスーツという印象があり、職員はなるべく目立たないように黒を基調とした服装をしがちですが、好印象を目指すには、スーツやジャケットは黒ではなく、ネイビーやグレーの色を選ぶほうが賢明です。すでに述べたとおり、黒は威圧的でモードを彷彿とさせる色です。また、服装全体のポイントとしては、色味やシルエットの主張は議員よりも控えめにしつつも、事務局としての信頼感と安心感を醸成できるような質のよいものを身に着けましょう。会期中と会期外の服装のメリハリも大事です。

議会事務局の仕事にぴったりのスタイル

* ポイントで取り入れたおしゃれは議員とのコミュニケーションを活性化させます。クレリックシャツで気品よく。
* 議員はネクタイの色にこだわります。議員より目立つと快く思われない場合もあるので、華美なものは身に着けないのが鉄則です。この心配りも業務のやりやすさを左右します。
* 人によっては黒のスーツを着ると威圧感が出てしまう場合があります。ネイビーのスーツで全方位受けを狙いましょう。
* エグゼクティブにカテゴライズされる議員が主なやりとりの相手になるので、時計などの小物もよいものを。議会事務局などの秘書的業務の多い職場では、よい時計は議員からの信頼につながることもあります。
* 夏場の閑散期はリラックススタイルで快適な夏を過ごしましょう。ただし、管外視察に同行するときは、自治体の窓口として気合いを入れて同行してください。

角が立たない新採さんへの服装の注意の仕方

この話題も講演やセミナーでよく盛り上がります。特に部下を抱えた方に多い悩みです。

新採さんがスーツを脱いで少しずつ自分の服を着てくるようになったときに湧き出てくるようです。学生っぽいスタイルのまま、出張にカジュアルなリュックで来てしまった、スポーツソックスを履いている、はたまた、突き抜けておしゃれすぎる……こんなとき、上司・先輩としてどのように言葉をかければいいのでしょうか。

部下のキャラクターに拠るところが多い面があり、一概に「こうやって言うのが正解」というものはありませんが、注意される側だった私の経験上、相手にとってベストは、年次の近い先輩から「前から思っていたんだけど……」という何気ない振りで言われるのが波風が立ちません。しかもその先輩の服装が職場的に１００点に近ければ近いほど、言葉の重みが増します。管理職が直接注意をすると、本人へのダメージや、仕事のやりづらさに影響が及ぶことがあるので、普段の周囲の人との関係性を見ながら、誰に言ってもらえばいいのかを決めましょう。

新採さんは、身に着けるものでなるべくトラブルは起こしたくないという気持ちでいるはずです。実際に採用年次が若い人の話を聞くと、朝、何を着て行くかでかなり悩んでいるようです。ポイントとしては、「せっかく仕事ができても身に着けているもので損をすることもあるんだよ」と将来のことを考えたうえで教えてあげるのがベターです。一方的に「それはダメ」とせず、相手に寄り添った提案が重要です。

服装のことで指導や注意をすることはとても難しいです。だからこそ実際に悩んだときはこのコラムを思い出してみてください。

Part 5

公務員の服装が変わると地域が変わる

公務員のイメージアップが持つ意義

これまでさまざまな視点から公務員の服装について斬り込んでみましたが、本書で言いたいことはただ1つ。

それは、「公務員の服装が変わると地域が変わる」ということです。

公務員を離れてみて気づきましたが、公務員の服装の自由度は、他の職種と比較すると、意外にも本人の判断に任せられている割合が高いです。よほどのものを着て来ない限り、上司や先輩からは特に何も言われません。

言い換えると、「変じゃない？」と思しきものを着て来たとしても、多くの人が自らの服装に自信がないため何も注意する勇気がありません。仕事については教えてくれるのに、服装については誰も注意や指導をしてくれません。

ドレスコードが自由であるため、逆に少しでもおしゃれな服を着てしまうと、職場で浮いてしまうのではないかというリスクから、真面目な方はその自由さゆえにどうしても地味で無難なものを手に取ってしまい、服を選ぶ楽しみを放棄して毎日を過ごしています。入庁時におしゃれな服装をしていた人も、組織に染まれば染まるほど、おしゃれ以前に服装に気を使わなくなっていく現状に、私はどうにかならないものかともどかしい思いでいました。

同時に、社会でこれまで一般的とされてきた「働く」という概念が崩れつつある今、その影響は公務員の魅力にも影を落としています。終身雇用制度への賛辞は終わり、これまで公務員の圧倒的魅力とされてきた「安定」はアピールポイントではなくなります。若い人にとって、もはや40年間の我慢と引き換えの安定は、魅力ではなくなりつつあるのです。

一方で、起業、副業、パラレルキャリアなど、新たな働き方が本流になる可能性も秘めています。このような事情もあり、公務員のイメージアップの刷新は時代の変化とともに自然に求められた流れなのではないでしょうか。

そしてイメージアップの1番手っ取り早い部分が、「見た目」をよくすることなのです。

実はこれまでも「公務員のイメージアップ」を言及する流れはありました。

しかし、イメージアップという考え方がそもそもあいまいであり、「具体的に何をしたらいいのか」の部分を示すものがありませんでした。

究極的には、人の魅力の入り口は外見です。外見で一定程度のレベルをクリアしなければ、たいていの人はその人が持つ魅力を見ようとしてはくれません。

これは顔が整っているか否かの話ではありません。これまで積み重ねてきた経験やその人の持つ魅力は、年齢を重ねるにつれて外形に表れます。それを見た目にうまく昇華できているか否かです。

服装を通じた見た目の変化が外から見た公務員のイメージを変えるだけでなく、公務員1人ひとりが仕事に向き合う姿勢も変化させてくれるはずです。今後も複雑化が予想される行政課題のなかで、公務員の皆さんが少しでも気持ちを上向きに働くためには、服装をはじめとした見た目から自分の心をコントロールする術《すべ》を身に付けなければなりません。

明るい組織づくりは「明るい人」づくりからです。その点、公務員のイメージアップは急務と考えますし、実現できればたくさんのよい効果を生み出すことができると私は確信しています。

その1つの手段が「服装をはじめとした見た目を整えること」なのです。

ではこれから、公務員のイメージアップがどのようなよい効果を生み出すのかを、個人レベル、組織レベル、地域レベルでそれぞれ考えていきたいと思います。

【個人レベル編】形から入る人をバカにしてはいけない

われわれ日本人は形から入る人をバカにする傾向があります。

「実力もないのに」「何もわかっていないのに」……。泥くさくがんばってきた自分の立場を正当化しているのか、それとも単なる妬みなのか。どちらにせよ、「形から入る人」は周囲からあまり歓迎されません。特に保守的な人が多い場では厳しい風当たりを受けることも多いのではないでしょうか。

しかし、皆さん考えてみてください。

スポーツを始めるとき、就職するとき、がんばる自分を鼓舞するために少しだけいいものを購入した経験はありませんか？　このときの、「形から入る」気持ちはとても大事だったと思いませんか？

「形から入る」ことによって、自分の仕事へのモチベーションや趣味への情熱、技術の習得が速くなるということもわかっています。道具を揃え、まずは見た目を自分の理想に近づけていくことで、自然と中身も伴ってくるものです。

「人は見た目じゃない、中身だ」とはよくいわれますが、私はそうは思いません。実際は「見た目と中身はつながっている」という言葉が正しいです。なりたい自分がいたら、その自分に近づくためには、まずは見た目を目指すイメージに近づけることが大切です。きっと、以前の自分との気持ちの差に驚くはずですよ。個人レベルの話かもしれませんが、まずは組織を構成する1人ひとりがなりたい自分にめがけてイメージアップを行うことが、公務員全体のイメージアップの土台につながるのではないかと思うのです。

では、イメージアップと簡単に書いていますが、具体的にはどういうことなのでしょうか。イメージアップのプロセスを段階的に示すと、

・第1段階：「自分の好きな着こなし」を知ること
・第2段階：本書でお伝えしてきたメソッドのような「身だしなみを整えること」
・第3段階：「自分の魅力が伝わるような服を着ること」

となります。要するに、「立場にふさわしいもの」「似合うもの」「自分が好きなもの」の3本柱が安定するところが、印象がよくなった状態になります。次ページの図をご覧ください。

公務員×おしゃれとは

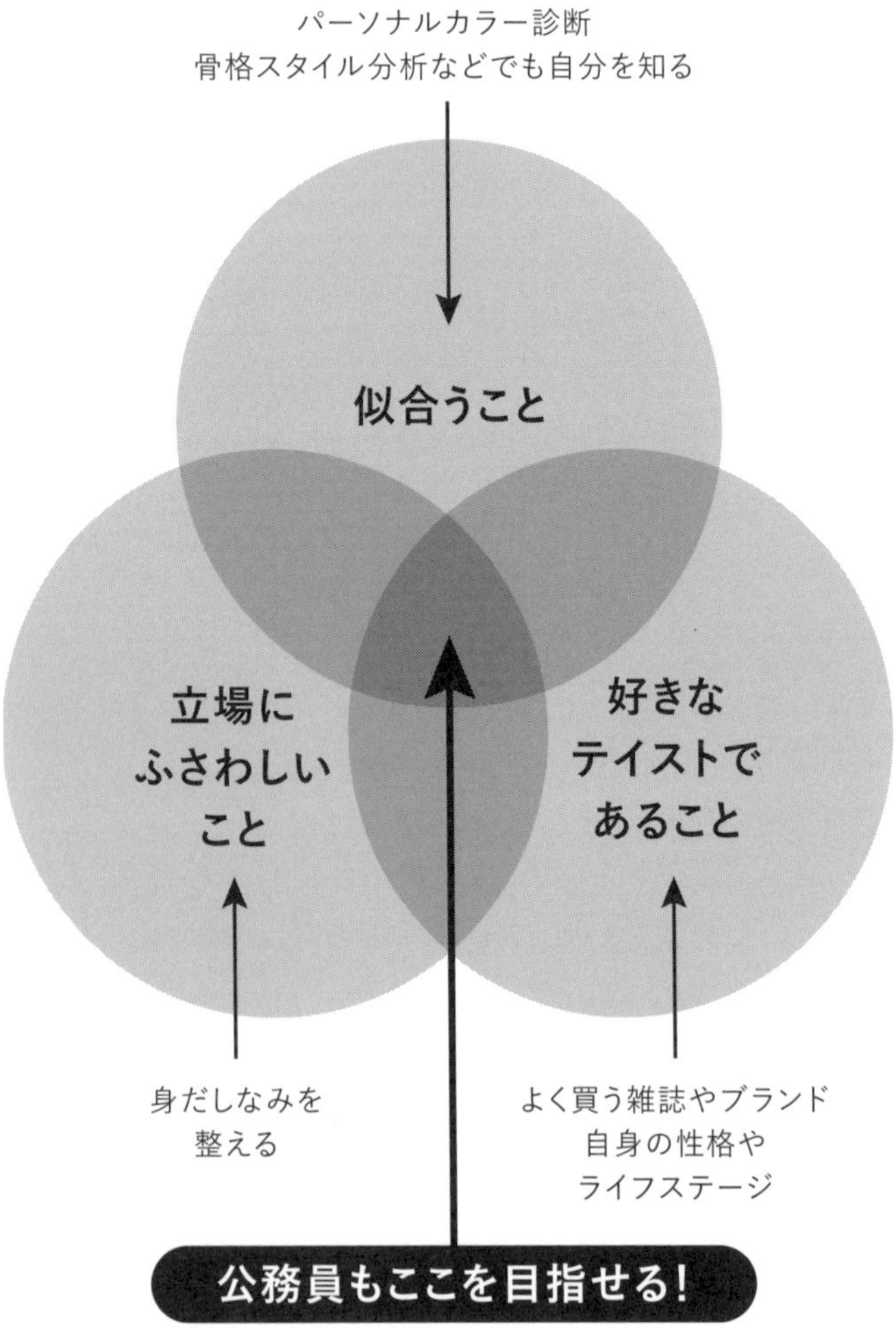
パーソナルカラー診断
骨格スタイル分析などでも自分を知る
似合うこと
立場に
ふさわしい
こと
好きな
テイストで
あること
身だしなみを
整える
よく買う雑誌やブランド
自身の性格や
ライフステージ
公務員もここを目指せる！

私のところでは、仕事でのスキルアップを図りたい、昇任を目指したい、そして自分に似合うものを知って印象をよくしたいという公務員の方がイメージコンサルティングを受けてくださっています。公務員のお客様が自分自身の印象がよくなったことを実感できたとき、皆さんが口を揃えて話すのはどんな言葉でしょうか？

それは、「仕事が楽しくなった」です。

公務員の方で、楽しく働いている人とはどのくらいいるのでしょう。少なくとも私が公務員だったころは、楽しさが3割で大変さ7割くらいだったように思い出されます。人事異動が多く、向いている仕事にめぐり会えたとしても慣れたころにまた異動……と、特に事務職は専門性を身に付けられない環境にやきもきしている先輩もたくさんいました。好きな仕事で収入を得られるなら今すぐ辞めたいけれど辞める勇気がなかなか出ず、定年までそのまま勤務する人が数多くいます。

本書の読者の方のなかにも、もしかしたら、「仕事に楽しさを見いだせない」と諦めモードの方もいるかもしれません。

諦めモードのときこそ、好きなものや似合うものを手に取って、それを身に着けて出勤してみてください。後ろ向きだった気持ちが少しだけラクになるはずです。一方で、仕事がそこそこうまくいっている人は、自分がイメージアップを図ることによって、さまざまな派生効果を実感できるのではないかと思います。

　磨かれた見た目からは自信が生まれ、より堂々とした立ち居振る舞いができます。それにより周囲からの信頼も向上します。服を変えれば仕事もプライベートもうまくいくことがあながち嘘ではないということを、必ず実感することができます。

　実際に私がこれまで出会ってきた公務員のお客様には、仕事やプライベートの服装についてあまり自信がなかった方が多くいらっしゃいます。しかし、星の数ほどあるアイテムのなかから私と一緒に選んだ「立場にふさわしいもの」や「似合うもの」そして「自分自身が好きなテイスト」の３つの要素を満たすことができるものを身に着けて職場に行くと、自然と職場に向かう足取りが軽くなるものです。職場に行くのが気が重い……と感じる日があったとしても、褒められたことがあるスーツやネクタイを身に着けると決めた日は、前日からワクワクするそうです。

　私は、すべての公務員の方にこの「服を選ぶワクワク」を体感してほしいなと、お客様からの言葉を聞くたびに思います。

元来、人は、自分をよく見せたい、あわよくば褒められたい生き物です。褒められるのがいやな人はまずいないはずです。ワンランク上の自分になることは仕事やプライベートのアウトプットを高めます。そして、ワンランク上の自分が日常になることによって、洗練された、印象のよい人になる階段を上っていくわけです。

このように１人の公務員が、服装に少しだけ気を使いはじめ、自分のイメージアップに成功することで、仕事に対して前向きな気持ちになるだけでなく、部署異動の幅が広がったり、評価の高い上司から注目されたりします（議会事務局や秘書課はきちんとした見た目があってこそ仕事がうまくいきます）。たとえミスをしたとしても、日頃の積み重ねた印象の効果で評価が下がることはあまりありません（これが前述の初頭効果です）。

世間一般の人に当てはまることですが、服装に気をつけることは、毎日をハリのあるものにし、自分の将来の可能性を広げることにつながるのです。とりわけ、これまで服装に気を使ってこなかった人にとっては「新しい毎日の始まり」くらいの変化があるのです。

【組織レベル編】組織的なアウトプットの質が高まる

前述のとおり、「何を着るか」が人の心や生き方にも大きな影響を与えます。

しかし、服装に端を発した気持ちの変化や行動の変化が与える影響は個人レベルだけにとどまりません。１人が刺激を受けると次の１人、さらにもう１人と伝播していき、最終的に組織全体の活性化につながります。

すでに体感されているかと思いますが、「印象のいい人」はどこに行っても得をします。民間企業の営業パーソンでいえば、印象のよさは営業成績にそのまま反映されています。

一方で公務員の仕事においては、印象のよさとは、何に直結するでしょうか？

本書でも繰り返し述べていますが、公務員の仕事は、基本的に１人で完結するものはありません。どんな些細なデータ入力でも、最後には上司に確認してもらい決裁を得るという過程が当たり前のように発生します。１つずつの仕事にコミュニケーションが不可欠です。ですから、できれば日頃から上司や先輩と良好な人間関係を築いておくことは、公務員として生きていくうえでは隅におけない要素です。

特に「服装」は大きな効果を果たします。シャツやヨレヨレ、パンツはダボダボ、いつも疲れたようなだらしない服装をしている人は、必ず誰かから「話しかけづらい人」に認定されています。

「あの人、疲れてそうだから、この報告をするのは明日にしようかな」

この「話しかけづらいなあ」が何日も続く現象は、新採さんや初めての部署異動を経験した若手職員に多く見られ、心が疲弊してしまうパターンです。年次が進んだ職員であれば強行突破できるスキルが身に付いているのですが、年次が若いとそうもいきません。そもそも相手に気を使わせるのは、いくら相手が部下・年下といえど、社会人としていかがなものでしょうか。

実際に私もそうでした。仕事をしている先輩や上司に話しかけるのは勇気が要りました。その経験があるからこそ、後輩に負担をかけたくないのであれば、まずは自分を含め、組織全体できちんとした服装を心がけることが重要なのです。

また、服装は新たなコミュニケーションも生み出します。特に同性同士であれば会話のきっかけをつかむきっかけにもなり、意外と侮れないのです。

話は変わりますが、地方自治体の動きは「横並び」「真似」を好む傾向にあるといわれています。何かを取り入れるのに1番になるのはいいや。けれども最後にもなりたくない。実務のなかで「足並みを揃える」という言葉も多用されていますよね。

この「横並び」「真似」を好む現象は、服装に関しても公務員はその傾向が強いといえます。特に新採さんや異動直後の職員は、同じ課の人たちを見て真似をしながら服装を選んでいくのが常であり、同じ課で年次が近い人の服装を真似しながら「スタンダード」を学んでいきます。しかし、真似をされる側の服装がイマイチだと結局は誰を参考にすればいいのかわからず、いつまで経っても公務員の服装のレベルは向上しません。

一方で、洗練された人が集まる課に配属された人の服装は自然と磨かれていきます。組織全体でイメージアップを図りたいときは、マジョリティだった「くたびれ系職員」をマイノリティにしてしまえばいいのです。そうすることで、「公務員ってなんかダサいよね」という風潮は徐々になくなり、公務員がカッコいい仕事の一翼を担う日が来るかもしれません。

ここに到達するためには、課全体でイメージアップ月間などを企画し、更衣室に姿見を置いてみたり、場合によっては専門家に指導を仰いでみたりするのもいいかもしれません。自分たちの印象を客観視し、改善することは、「風通しのよい職場づくり」のはじめの一歩です。コミュニケーションが活性化すれば、組織的なアウトプットの質も高まります。組織全体でのイメージアップ月間は、ぜひ実践してほしいです。公務員個人が服装に気を使うという姿勢ももちろん大事ですが、組織的な服装スキルの底上げこそより必要だと私は考えています。

【地域レベル編】自治体のイメージ＝そこで働く公務員のイメージ

最後は公務員のイメージアップが地域レベルで果たす役割についてお話しします。

近頃は、以前と比べて、個人と組織レベルの双方で公務員にスポットライトが当たる機会が増え、自治体の情報や公務員の仕事について外部に発信しやすくなってきた雰囲気があります。

実際にＳＮＳで実名のアカウントを運用する公務員や、ＹｏｕＴｕｂｅで発信する個人の公務員の方も登場しています。時代は変わっていますね。私は、現職時代に心の内に発信したい願望を持っていながらも、所属の目や世間の目が怖くて、結局ＳＮＳのアカウントを真剣に運用したことはありませんでした。

このように公務員の肩書を持ち、職場外で活動する人が増えてきたからこそ、相手から見られる印象を加味しなければいけないのは当然のことです。その１つが「服装」です。個人での発信だとしても、組織のイメージにつながりかねません。ＳＮＳでの発信の背景には、少なからず、これまでの公務員のイメージを打破したいという思いがあるはずです。それには、見た目の面においてもこれまでの公務員のイメージを打破していくことが、地域の新たな魅力の創出へとつながるのだと思います。

同時に、市民からのニーズの多様化や自治体ごとの差別化の必要性の影響もあり、自治体独自がオリジナリティーあふれる取り組みを生み出して発信することが増えてきた昨今は、マイナスをゼロする取り組みではなく、ゼロをプラスにする取り組みを大々的にＰＲをする機会も増えてきました。

要するに、「うちの自治体はこんなところが魅力的です」という視点での発信です。転入者の増加をはじめとした地域の魅力創出は、自治体間の熾烈な競争のさなかにあります。そんななか、他の自治体とのＰＲ力に差をつけたいのであれば、個人、組織を問わず発信者がより自分たちの「見せ方」にまで気を配る必要があります。紙媒体にとどまらず、映像媒体でもどんどん職員を登場させている自治体では、くたびれ系職員なんてもってのほかです。

たとえば、先進的とされるとある政策があったとしましょう。その革新的な内容を記者発表の場で管理職がインタビューを受ける際、服装に気を配れている人とそうでない人のあいだでは、相手へのメッセージの刺さり具合に、明らかに大きな差が出ます。要は、服装は相手に伝えたい言葉の力を強くする効果があるのです。政治向けのイメージコンサルティングでよく知られる手法なのですが、公務員にもメッセージの発信者になる機会が増えた昨今、気を使う必要が出てきたのだと実感しています。

今や公務員たるもの誰もが知っている「地域ブランディング」や「シティプロモーション」という言葉があります。元来、シティプロモーションを管轄する課だけが気にするべき言葉だと思われていました。

実際はすべての職員1人ひとりが、その自治体の代表であり、地域ブランドの発信者です。つまり、「職員が与える印象＝自治体の印象」となるため、マイナスの印象を与えると自治体全体の印象もマイナスになってしまいます。

相手が「なんかいいな」という気持ちを抱くのは、物事の真髄ではなく、表層に触れたときです。言い換えれば「本質」に達する前の「イメージ」に過ぎない段階のものでも、相手はよしあしを判断することができるのです。

　ですから、イメージの時点で合格点を取っておかないと、いくらすばらしい内容を用意していても相手には届きません。そのような視点からも、職員が服装からイメージアップすることは自治体全体の魅力の向上に寄与します。そして、シティプロモーションの枠だけにとどまらず、採用試験受験者数の増加など、他にもよい効果が派生してきます。

　実際の公務員内定者の方からこんな話を聞きました。

　他の自治体と合同で開催する説明会で、採用担当者の服装がおしゃれであったり、表情がいきいきしている様子を見たりしたことで、その自治体を志望先に追加したというのです。たかが服装かもしれませんが、されど服装ですね。

官民連携時代、民間企業と協働したい自治体こそ「服装」が大事

「公務員の服装への意識の低さに本当に驚きました」

この言葉は、民間企業から転職して役所に入った人からよく聞きます。

そして私が事業コンセプトに掲げる「公務員×おしゃれ」のフレーズに共感してくれる人も、過去に民間企業で働いたことがある公務員の方が多いです。

こうしてみると、民間と行政の服装への意識の差は、相当広がっているのだと認識せざるを得ません。

では、この官民レベルでの服装の意識の差はどうしてできてしまったのかというと、やはり「公務員は地味であれ」というような社会からの圧力のようなものと、服装に気を配ってもその効果が感じられない仕事内容にあるのではないかと思います。

加えて、比較的都市部に集中している民間企業に対して、役所は地方に点在している傾向があることなども挙げられるかもしれません。実際に、近くに服を買う場所がない

と嘆く職員の方もいらっしゃいます。

前述のとおり、実は役所のドレスコードは本当にゆるいです。いい意味でも悪い意味でも、着こなしを引き締めたり底上げをしてくれたりするような存在が庁内に少ないことも問題かもしれません。

民間企業は企業イメージを大切にします。制服で統一を図るのもその1つです。民間で働く人は、企業のコンセプトやクレド（企業全体の従業員が心がける信条や行動指針）を理解して、服装や身だしなみを通じて体現している先輩や上司のもとで働くうちに、無意識のうちにドレスコードを理解したりカッコよく見える着こなしを学んだりする機会があります。

行政の場合はどうでしょう。役所のイメージや理念というものが表立ってPRされる機会はほとんどないため、見た目に関しては各自があっちこっちを向いているという状況です。要するに方向性がバラバラなのです。これは由々しきことです。

ところで、民間企業と公務員の服装のレベルは、どのくらい違うのでしょうか？

昨今は、地域活性化やまちづくりのイベントなどに両者が同時に登壇する機会が増えてきました。その際にそれぞれの服装を観察してみると、その服装への意識の差がおおよそ見て取れます。

並んでいる両者の写真を見せながら、「どっちが公務員でしょうか？」と尋ねてみると、ほぼ１００％の人が当たります。正解した人にわかった理由を聞いてみれば、

「公務員っぽい無難な服装だから」

「地味だから」

という理由が返ってきます。

民間企業の場合、スタートアップやベンチャーであればラフでありながらスタイリッシュな服装、大手企業であればテーマカラーを用いるなどどこかしらに工夫がある服装で企業のイメージを打ち出しています。

公務員はというと、特に何も考えずいつもどおりの服装をすることが多いように思います。もしくは逆に個性を全面に押し出しすぎていて、盛り込みすぎた「がんばっている感」の出ているコーディネートになってしまっていることも。とりわけ、ノーネクタ

イの期間は目に余るものがあります……。

このように官民が同時に並ぶことが多い昨今だからこそ、公務員の服装レベルの低さが明確になってしまっているようです。


行政にビジネス的視点の欠落が問われています。民間企業と対等にパートナーシップを結ぶためには、公務員の服装にも「ビジネス的視点」が必要です。

人は見た目で１００％判断されるわけではありませんが、きちんとした服装やほどよいおしゃれをすることによって、相手の出方も大きく変わってくるのがビジネスの世界です。私自身も公務員を辞めて起業したことで、服装は相手とのつながりをつくるための絶好のツールであると実感する経験が多々ありました。

おしゃれをしようとまでは言いません。

まずは、これまでの「ザ・公務員風」の地味で無難な服装は卒業して、相手との良好な関係性を築くために「服装は大事な武器になるんだ」と認識することが重要なのだと思います。特に、民間企業との協働にあたっての窓口となる人や課にとっては、仕事をするうえで無視することはできないコミュニケーションツールなのですから。

おわりに

イメージコンサルタントとして起業して、今年で2年目に入りました。起業家としてはまだまだ知らないことのほうが多いなかで、このように自分の思いを書籍にできる機会を与えていただいたことに感謝しかありません。

思い返せば、２０２０年1月に東京都庁を退職し、意気揚々と新しいチャレンジに向けて舵を切ろうとした矢先に襲ってきたのが新型コロナウイルス感染症の流行でした。イメージコンサルタントの仕事は対面でしか果たせないものがほとんどであるなか、新型コロナウイルスにとって人との接触は格好の感染ルートとなります。2月、3月と細々ながら少しずつ売り上げが立っていたなか、4月の緊急事態宣言では予約が一気にキャンセルになり、このときばかりは本当に生きた心地がしませんでした。私の仕事はもう社会的に意義を果たせないのではないかとも考えました。一瞬だけ、公務員を辞めたことを後悔しました（ほんの一瞬ですけどね）。

そんな状態なので、毎日生きていくのに必死。寝ても覚めても頭がフル稼働し、ようやく思いついたのが全国の公務員に月1でファッションのオンライン講座を開催する「公務員ファッションアカデミー」でした。オンラインという特性も相まって、これまでお話しすることができなかった地域の公務員さんからも服装のお悩みやおしゃれへの思いを聞くことができるようになり、地域によって公務員の服装への目もまったく違うんだな、ということを学ぶよい機会となりました。

本書にも、公務員ファッションアカデミーで得られた経験がたくさん生きています。また、幸いなことに、前職の東京都庁の職員さんのなかにも私の存在に興味を持ってくださり、実際にイメージコンサルティングをさせていただく機会があるなど、ここに至るまで私は本当に周囲の人に恵まれていたなあと実感しています。うれしいことに私の活動が、コロナ禍でも少しずつ口コミで広がり、今では公務員、政治家向けを問わず講演やセミナーの依頼が来るようになりました。今後も「おしゃれ×地域創生」発想をどんどん広げていきたいと思います。

起業したばかりでほぼ無名、「公務員のおしゃれ」という怪しすぎる活動をしていた私に出版のチャンスを与えてくれた株式会社ぎょうせいの皆さん、仕事と子育てのバランスを配慮し、余裕のあるスケジュールを組んでいただいたおかげで、こうして比較的元気な状態（脳みそはもう疲労困憊です笑）であとがきを書くことができています。そして、執筆に費やす時間を捻出するために子供を見てくれていた実家の両親、「ダメ元でもいいから出版企画書を送ってみなよ」とアドバイスしてくれた夫、早朝から原稿を書く母を邪魔するまいと原稿の締め切りが近づくごとに朝寝坊になっていったうちの息子に、改めてありがとうと言いたいです。

２０２１年９月

古橋　香織

コピーして玄関や職場に貼りましょう

朝の身だしなみ
チェックシート

□ 寝癖はありませんか?

□ ネクタイは曲がっていませんか?

□ シャツにシワ、ニットに
毛玉はありませんか?

□ シャツの袖口は汚れていませんか?

□ ベルトと靴は同じ色ですか?

□ パンツのクリース(折り目)は
きれいに入っていますか?

□ 靴下は長めのものを
履いていますか?

□ 靴は汚れていませんか?

古橋 香織 ふるはし・かおり

イメージコンサルティングラボ「Color Commons」代表

早稲田大学卒業後、2011年に東京都入庁。おもに東京都議会議会局管理部総務課での議員接遇等に従事。在職時、早稲田大学大学院政治学研究科で政治や議会について現場からではわからない理論的な観点からの知識を取得し（公共経営学修士）、銀座イメージコンサルタントプロ養成アカデミーでメンズオーダースーツではトップクラスの受注率を誇るイメージコンサルタント工藤亮子氏に師事し、メンズスーツスタイルを学ぶ。退職後、2020年１月、イメージコンサルティングラボ「Color Commons」主宰。政治およびパブリックセクターに強みをもつイメージコンサルタントとして独自の立ち位置を取る。多くのエグゼクティブが来訪する公的機関である議会での勤務経験から、特にスーツスタイルやカラーコーディネートを得意とし、現職政治家や政治家志望者、公務員、公務員新規採用者などに、理論とエビデンスに基づいた「信頼感あふれる見た目」を土台としたイメージづくりの提案を行っている。全国の公務員にオンラインで着こなしを教える講座「公務員ファッションアカデミー」を月１回開催している。

イメージコンサルティングラボ「Color Commons」ホームページ

Twitter

装丁・本文デザイン・DTP：工藤公洋

イラストレーション：德丸ゆう

写真：Olga Shevtsova / EyeEm/ゲッティイメージズ

※掲載しているアイテムは私物です。

公務員男性の服

普通の服で好印象・信頼・清潔感は出せる

令和３年11月30日　第１刷発行

著　者　古橋香織

発　行　株式会社ぎょうせい

〒136-8575　東京都江東区新木場1-18-11
URL：https://gyosei.jp

フリーコール　0120-953-431
ぎょうせい　お問い合わせ　検索　https://gyosei.jp/inquiry/

〈検印省略〉

印刷　ぎょうせいデジタル株式会社

ISBN978-4-324-11027-0
（5108735-00-000）
〔略号：公務員服〕